Sibylle Ihm
Oberstufenunterricht an Waldorfschulen

Praxis Waldorfpädagogik

Herausgegeben von Angelika Wiehl

Die Reihe »Praxis Waldorfpädagogik« umfasst Publikationen zu aktuellen Handlungsfeldern der Waldorfschule und des Waldorfkindergartens. Pädagogische Grundelemente werden eingeführt und durch Praxiserfahrungen der Waldorfpädagogik ergänzt. Die Einzelbände sind themenspezifisch aufgebaut und bieten für Ausbildung und Beruf wissenschaftliche und praxisbezogene Handreichungen.

Sibylle Ihm

Oberstufenunterricht an Waldorfschulen

Eine Orientierung für Studium und Praxis

BELTZ JUVENTA

Die Autorin

Prof. Dr. habil. Sibylle Ihm lehrt Allgemeine Didaktik der Waldorf-Oberstufe und Kulturgeschichte an der Alanus Hochschule in Mannheim. Ihre Arbeitsschwerpunkte liegen in der antiken und mittelalterlichen Kulturgeschichte sowie der Didaktik der Oberstufe an Waldorfschulen.

Dieses Buch ist erhältlich als:
ISBN 978-3-7799-9153-3 Print
ISBN 978-3-7799-9154-0 E-Book (PDF)
ISBN 978-3-7799-9155-7 E-Book (ePub)

1. Auflage 2025

Beltz Verlagsgruppe GmbH & Co. KG
Werderstraße 10, 69469 Weinheim
service@beltz.de

Satz: xerif, le-tex
Druck und Bindung: Beltz Grafische Betriebe, Bad Langensalza
Beltz Grafische Betriebe ist ein Unternehmen mit finanziellem Klimabeitrag (ID 15985-2104-1001)
Printed in Germany

Weitere Informationen zu unseren Autor:innen und Titeln finden Sie unter:
https://www.beltz.de

Inhalt

Teil III: Unterrichtsformen der Waldorf-Jugendpädagogik

Danksagung

Ich danke Frau Dr. Angelika Wiehl herzlich für ihre wertvollen Anmerkungen und ihre fachliche Unterstützung. Ihre konstruktiven Rückmeldungen haben mein Manuskript bereichert. Zudem bin ich ihr sehr dankbar für die Aufnahme meines Werks in ihre Reihe „Praxis Waldorfpädagogik".

Mein besonderer Dank gilt auch meinem Ehemann Thomas, der mich mit Geduld, Verständnis und Ermutigung begleitet hat. Seine Unterstützung war eine große Hilfe während des gesamten Entstehungsprozesses.

1 Einleitung

„Die Waldorfschul-Pädagogik ist überhaupt kein pädagogisches System, sondern eine Kunst, um dasjenige, was da ist im Menschen, aufzuwecken“ (Steiner 1988, S. 36).

Von jungen Menschen wird verlangt, dass sie motiviert und gebildet die Schule verlassen. Die Gesellschaft, die Wirtschaft und letztlich auch die Absolvent*innen erwarten das. Mut und Kraft, aber auch die Fähigkeit, mit Rückschlägen fertig zu werden, gehören dazu. Das Rüstzeug zum Abitur, dem Real- oder Hauptschulabschluss, wird ebenso vorausgesetzt. Die Kunst des Erziehens, von der Rudolf Steiner spricht, besteht darin, ihnen darüber hinaus die Möglichkeit zu geben, sich selbst einschätzen zu können, sich Ziele setzen zu können und von ferneren Zielen träumen zu dürfen. Die Waldorf-Jugendpädagogik geht davon aus, dass Selbstfindung und Beruf einander bedingen und dass die Schule der Ort ist, wo Lernen und Sich-Erproben am besten erfahren und geübt werden können.

Die Oberstufe an Waldorfschulen markiert einen entscheidenden Abschnitt auf der Bildungsreise junger Menschen, in dem sie nicht nur ihr Wissen erweitern, sondern auch ihre Persönlichkeit weiterentwickeln und sich auf ihre Zukunft vorbereiten. Die pädagogische Herangehensweise der Waldorfschule zielt darauf ab, die individuellen Fähigkeiten und Talente der Schülerinnen und Schüler zu entfalten sowie ihre kritischen Denk- und Sozialkompetenzen zu stärken.

Die von Rudolf Steiner begründete Waldorfpädagogik setzt auf einen ganzheitlichen Ansatz, der den Menschen als Einheit von Körper, Seele und Geist betrachtet. „Da handelt es sich wirklich darum, dass man eine Erziehung aufnimmt, die auf den ganzen Menschen nach Leib, Seele und Geist geht, und dass daher auch wirklich Leib, Seele und Geist zunächst erkannt werden“ (Steiner 2024a, S. 13).

Waldorfschulen verstehen sich nicht nur als Bildungseinrichtungen, sondern als Orte der sozialen Gemeinschaft und der ästhetischen Bildung. Die Schüler*innen erwartet ein ausgewogenes Lernumfeld, das eine gesunde Balance zwischen akademischen Anforderungen, künstlerischen, kreativen und sozialen Aktivitäten und persönlicher Entwicklung bietet.

Rudolf Steiner rät, „daß im Sinne des Waldorfschul-Gedankens der ganze Unterricht so veranlagt werde, daß in der möglichst kürzesten Zeit möglichst viel mit den allereinfachsten Mitteln an die Kinder herangebracht werde, so daß dem Kinde nirgends die innere, seelische, nicht einmal die verstandesmäßige Überschau verlorengeht“ (Steiner 2001, S. 139). Dies bedeutet, dass der Unterricht nicht ausschließlich auf akademische Leistungen ausgerichtet ist, sondern auch Raum für künstlerische Aktivitäten, praktische Projekte und soziales Engagement bietet.

Neben den klassischen Fächern wie Deutsch, Mathematik, Naturwissenschaften und Sprachen umfasst der Lehrplan auch künstlerische Fächer wie Musik, Kunst und Eurythmie sowie handwerkliche und praktische Tätigkeiten. Dieser breite Fächerkanon ermöglicht es den Heranwachsenden, ihre Interessen zu entdecken, ihre Talente zu entfalten und ihre Fähigkeiten zu entwickeln.

Ein besonderes Augenmerk liegt in der Waldorfpädagogik auf der Entwicklung emotionaler Kompetenzen und der Stärkung des Gemeinschaftssinns. Durch gemeinsame Projekte, Theateraufführungen, Gruppenarbeiten und soziale Aktivitäten lernen die Jugendlichen, Verantwortung zu übernehmen, Konflikte konstruktiv zu lösen und sich als Teil einer größeren Gemeinschaft zu begreifen. Die Wertschätzung individueller Persönlichkeiten und die Anerkennung verschiedener Talente und Fähigkeiten tragen dazu bei, das Selbstwertgefühl zu stärken und das Selbstvertrauen zu festigen.

Die Schulgemeinschaft spielt eine wichtige Rolle bei der Förderung der persönlichen Entwicklung und des Selbstvertrauens. Sie schafft ein unterstützendes und respektvolles Umfeld, in dem sich die Jugendlichen sicher fühlen und sich weiterentwickeln können. Lehrkräfte nehmen nicht nur eine Rolle als Wissensvermittler*innen ein, sondern auch als Mentor*innen und Begleiter*innen auf dem Weg zur persönlichen Entfaltung. Der Unterricht ist interaktiv gestaltet und fördert die aktive Beteiligung der Schülerinnen und Schüler, um ein tiefgehendes Verständnis und eine eigenständige Auseinandersetzung mit den Lehrinhalten zu gewährleisten. „Es gibt im Grunde genommen auf keiner Stufe eine andere Erziehung als Selbsterziehung […] Jede Erziehung ist Selbsterziehung, und wir sind eigentlich als Lehrer und Erzieher nur die Umgebung des sich selbst erziehenden Kindes. Wir müssen die günstigste Umgebung abgeben, damit an uns das Kind sich so erzieht, wie es sich durch sein inneres Schicksal erziehen muß" (Steiner 1989a, S. 131).

Eine breit angelegte ganzheitliche Bildung schafft die besten Voraussetzungen, um den sich ständig wandelnden Anforderungen der Arbeitswelt gerecht zu werden. Dazu gehören nicht nur Fachkenntnisse, sondern auch Fähigkeiten wie kritisches Denken, Problemlösungskompetenz, Kreativität, Teamarbeit, interkulturelle Kompetenz und Urteilsvermögen, die in einer globalisierten und vernetzten Arbeitswelt von entscheidender Bedeutung sind. Oder wie Steiner hervorhebt: „Wir müssen eigentlich in der Schule nicht lernen, damit wir es können, sondern wir müssen in der Schule lernen, damit wir vom Leben immer lernen können" (Steiner 1991, S. 22).

In Deutschland führen die Waldorfschulen zu staatlich anerkannten Abschlüssen wie dem Realschulabschluss und dem Abitur, um den Schülerinnen und Schülern den Zugang zu weiterführenden Bildungseinrichtungen zu gewährleisten.

Insgesamt bietet die Oberstufe an Waldorfschulen eine einzigartige Lernumgebung, die dazu beiträgt, dass die Heranwachsenden nicht nur akademisch erfolgreich sind, sondern auch zu selbstbewussten, kreativen und sozial kompetenten Menschen heranwachsen. Sie ermöglicht es den Jugendlichen, ihre individuellen Stärken zu entfalten, sich als eigenständige Persönlichkeiten zu entwickeln, sich auf die Herausforderungen der Zukunft vorzubereiten und Verantwortung für ihr eigenes Lernen zu übernehmen. Rudolf Steiner drückte dieses Konzept mit den Worten „In Ehrfurcht empfangen, in Liebe erziehen und in Freiheit entlassen" (Steiner 1997, S. 179) aus.

Die Planung, Steuerung und Optimierung von Prozessen an Waldorfschulen – insbesondere in der Oberstufe, auf die diese Schrift abzielt – hängt von einer Vielzahl von Faktoren ab. Die Wunsch-, Soll- und Ist-Zustände heutiger Schulen stehen häufig im Spannungsfeld mit praktischen Herausforderungen, die ursprüngliche Vorstellungen beeinträchtigen oder ihnen widersprechen.

Der vorliegende Text hat es sich zur Aufgabe gemacht, den Fokus auf die Ziele der Oberstufe zu legen. Es wäre natürlich naiv anzunehmen, dass diese überall und ausreichend erreicht werden. Guter Wille und schöne Worte können letztlich nicht darüber hinwegtäuschen, dass insbesondere die Oberstufe an Waldorfschulen mitunter die in sie gesetzten Erwartungen nicht erfüllt (Zech 2012; Ziemann 2012). Dadurch wird das Image der Waldorfschulen insgesamt gefährdet – ein ernst zu nehmendes Problem (Loup 2019). Der Mangel an Lehrkräften betrifft zwar alle Schulen, trifft aber besonders Privatschulen hart (Rohde 2009; Harslem 2012), die nicht auf die Vorteile eines verbeamteten Lehrpersonals zurückgreifen können. Gleichzeitig stellen die Anforderungen der (Kultus)bürokratie für viele Schulen eher eine Belastung als eine Inspirationsquelle dar (Bodack 2021; Kultusministerkonferenz 2024).

Es ist festzustellen, dass gerade in der Oberstufe viele Lehrkräfte tätig sind, die mit der Waldorfpädagogik nicht ausreichend vertraut sind oder gar mit ihr fremdeln (Sigler 2019). Dieses gilt zunächst als hinnehmbar, wenn beispielsweise ein*e Mathematiklehrer*in trotz fehlender Bindung an die Waldorfpädagogik in der Lage ist, Schüler*innen erfolgreich zum Abitur zu führen. Zur Nachqualifikation bieten waldorfpädagogische Ausbildungsstätten diverse Programme an, die es ermöglichen, sich entweder in Vollzeit oder berufsbegleitend zur waldorfpädagogischen Oberstufenlehrkraft weiterzubilden. In der Praxis zeigt sich, dass dann auch Quereinsteiger*innen im Sinne der Waldorfpädagogik erfolgreich unterrichten und mitwirken können. Problematisch ist vor allem eine fehlende Bereitschaft, sich mit anderen Lehrkräften auszutauschen und die Lehrinhalte sinnvoll zu vernetzen. Dieses Defizit lässt sich jedoch nicht allein durch mangelnde Integration in die Waldorfpädagogik erklären, sondern liegt oft an der individuellen Einstellung einzelner Personen oder an einem allgemeinen Schulklima, das dem Teamgedanken wenig förderlich ist (Harslem 2003).

Wie an jeder Schule, ob staatlich oder privat, können auch an Waldorfschulen Dinge aus dem Ruder laufen. Wenn beispielsweise in der 10. Klasse vermehrt Abmeldungen erfolgen (von Pfuhlstein 2023), ist dies ein deutliches Signal dafür, dass das Schulmanagement dringend überarbeitet werden muss, da Schüler*innen und Eltern offenbar das Vertrauen in die Einrichtung verloren haben. Dulden einzelne Schulen über Jahre hinweg dysfunktionale Strukturen, wirft dies die grundlegende Frage auf, ob nicht eine umfassende Reform erforderlich sei. Da die Schulen in der Regel selbstverwaltet sind oder zumindest einen hohen Grad an Eigenorganisation aufweisen, tragen vor allem das Engagement und die Kompetenz der einzelnen Lehrkräfte entscheidend zur Leistungsfähigkeit der gesamten Schule oder einzelner Bereiche bei (Gläsener 2022). Die Autorin weiß aus eigener Erfahrung, wie zeitaufwendig, mühsam und mitunter stressbeladen Abstimmungsprozesse in der Selbstverwaltung sein können. Der Wunsch nach Konsens steht dabei häufig im Spannungsfeld mit der Beharrlichkeit Einzelner. Gleichzeitig sind ausführliche Diskussionen auch eine Stärke gegenüber einem hierarchischen Management, weil sie die Verantwortlichkeit jeder und jedes Einzelnen fördern und eine solide Basis für Entscheidungen schaffen. Beschlüsse, die im Kollektiv getroffen werden, sind in der Regel besser abgewogen und belastbarer als Entscheidungen, die durch Top-Down-Kommunikation entstehen (Konrad 2023). In diesem Sinne argumentiert der folgende Text von einer Perspektive aus, die man als *good governance* oder *best practice* benennen könnte.

Es spricht nichts dagegen, eine Debatte über eine strukturelle Reform der Waldorf-Oberstufe zu führen. Allerdings erfordert eine sachliche Diskussion auch eine sorgfältige Analyse der Schwächen und Stärken des aktuellen Zustands. Dieser Text zeigt auf, dass die Bildungsideale der Waldorf-Oberstufe ihre inspirierende Kraft nicht eingebüßt haben, und argumentiert, dass das Erkennen und die gezielte Förderung der vorhandenen Stärken im aktuellen System nicht nur notwendig, sondern auch möglich sind. Gleichzeitig betont er, dass die Ausrichtung auf Idealvorstellungen eine wertvolle Orientierung bietet, um diesen Idealen schrittweise näherzukommen.

Die folgenden Ausführungen werden durch eine kurze Betrachtung des Jugendalters eingeleitet. Danach werden die Besonderheiten der Oberstufe dargestellt, die neben dem Curriculum und den Abschlussprüfungen, zentral sind: Untersucht werden die Bereiche der Verantwortung für Umwelt und Gesellschaft und des Verständnisses für unterschiedliche Kulturen. In der Waldorfschule tragen die künstlerischen und ganzheitlichen Ansätze dazu bei, persönliches Wohlbefinden und ein Bewusstsein der eigenen Identität zu erlangen. Der zweite Teil beschäftigt sich damit, wie Waldorfschulen mit den Herausforderungen in der Oberstufe umgehen: Prüfungen, soziale Integration, Orientierung, Gesundheit und Medienkonsum.

Auf der Basis der pädagogischen Anregungen Steiners und dank der Praxis des Waldorfunterrichts haben Generationen von Schülern und Schülerinnen erfolgreich und selbstbestimmt ihren Weg ins Leben gefunden. Der Text richtet sich an (Waldorf-)Lehrer*innen und Studierende der Waldorf- und der allgemeinen Schulpädagogik, an Lehrende, an Eltern, die sich mit dem Wesen der letzten Jahre der Schulbildung näher vertraut machen möchten, und an an Waldorf-Jugendpädagogik interessierte Menschen.

1.1 Voraussetzungen einer entwicklungsorientierten und nachhaltigen Oberstufenpädagogik und -didaktik

Die Heranwachsenden haben im Jugendalter, also der Zeit in der Waldorf-Oberstufe, mit einer Vielzahl von Veränderungen zu kämpfen. Diese Herausforderungen sind seelischer und körperlicher Natur. Bisherige Vorbilder und Gewissheiten werden einer kritischen Überprüfung unterzogen. Eltern und Lehrer*innen werden nicht mehr bedingungslos geliebt und anerkannt, sondern genau beobachtet. Die Jugendlichen prüfen, wie wahrhaftig die bisherigen Vorbilder wirklich sind und bemerken mögliche Schwächen. Das führt zu einer seelischen Trennung von den Eltern, Lehrer*innen oder Bezugspersonen. In den jungen Menschen können dadurch das Gefühl von Einsamkeit und der Wunsch nach neuen Vorbildern und Idealen entstehen.

Gemäß der Entwicklungslehre Rudolf Steiners ist die pädagogische Grundorientierung im Jugendalter „Die Welt ist wahr“ (Rittelmeyer 2016, S. 191 f.). Die Heranwachsenden orientieren sich am Ideal der Wahrheit und Wahrhaftigkeit, wohingegen die Kinder gemäß Steiner in den ersten sieben Jahren nach dem Ideal des Schönen, und in den folgenden sieben Jahre nach dem Ideal des Guten streben (vgl. Steiner 2020b). Die Jugendlichen treibt der Wunsch an, das Richtige tun zu wollen. Dieses Wollen führt zu der Suche nach der wahren Liebe, nach wahren Freundschaften und nach den Geheimnissen der Welt.

Rudolf Steiner bezeichnet die Phase des Jugendalters als das dritte Jahrsiebt. Während die ersten sieben Jahre die Kindheit darstellen, beginnt mit dem zweiten Jahrsiebt die Schulzeit. In den Jahren bis etwa zum 21. Lebensjahr werden die Grundlagen für ein Leben in Eigenregie gelegt. In der anthroposophischen Entwicklungspsychologie werden die Jahrsiebte, ihr Entstehen und ihre Bedeutung näher ausgeführt (Loebell 2016), im Schulalltag sehen wir vor allem die praktischen Herausforderungen, die sich bei der Gestaltung des Unterrichts und der Ansprache der jungen Menschen ergeben. Die Waldorfschulen folgen bis zum Eintritt in die Oberstufe dem Klassenlehrer*innenprinzip und geben dies mit Übergang zum Jugendalter zugunsten einer mehr fachorientierten Erziehung auf. Wie dies im Einzelnen geschieht und was dabei zu berücksichtigen ist, wird in den folgenden Kapiteln beschrieben.

Mit etwa dem zehnten bis zwölften Geburtstag beginnt die Pubertät (Silbereisen & Weichold 2018, S. 239–261). Rudolf Steiner vertritt die Auffassung, dass die Jugendlichen, wenn sich ihr Körper zum Erwachsenen umbaut, auch ein neues Stadium ihrer seelischen Entwicklung erreichen (Steiner 2020b). Sie erlangen in ihrem Wollen und Fühlen eine gewisse Selbstständigkeit gegenüber äußeren Einflüssen durch das Elternhaus, von Lehrer*innen und Gleichaltrigen. In ihrem Denken entwickeln sie ein rationales Denkvermögen, dass der Welt der Sinne gegenübersteht. Im Verlauf des Jugendalters bildet sich das Ich, die eigene Individualität (Rawson 2022, S. 206–208).

In den folgenden Jahren verlassen die Jugendlichen die bisherige soziale Geborgenheit und gehen neue Wege. Sie möchten die Welt erkunden, erfahren und verstehen. Die Heranwachsenden beginnen, sich als Persönlichkeiten zu sehen und suchen nach ihrer eigenen Identität. In ihnen entsteht ein Bewusstsein für die Handlungen und Absichten anderer und für die Bedeutung und Wirkung ihrer eigenen Handlungen. Sie möchten das – aus ihrer Sicht und für ihre Zwecke – Richtige denken und tun. Das schlägt mitunter zu einem Extrem aus, und die Jugendlichen polarisieren sich durch ihre Ansichten, Handlungen und ihr Erscheinungsbild.

Durch solche Widerständigkeiten kommen die Jugendlichen im Denken zu eigenen Erkenntnissen und Einsichten und übernehmen zunehmend die Verantwortung für ihre eigenen Taten. Dieser Prozess beginnt mit dem Nachvollziehen kausaler logischer Gedankengänge und wird im Laufe des dritten Jahrsiebts immer komplexer bis hin zur Erkenntnis sozialer Prozesse und der Selbsterkenntnis und einer objektiven Urteilsfähigkeit.

In Steiners Worten: „Die Seele hat ein natürliches Vertrauen zu dem Denken. Sie fühlt, daß sie alle Sicherheit im Leben verlieren müßte, wenn sie dieses Vertrauen nicht haben könnte. Das gesunde Seelenleben hört auf, wenn der Zweifel an dem Denken beginnt“ (Steiner 2020a, S. 1).

Die Jugendliche befinden sich in einem Entwicklungsprozess des Suchens und Erprobens hin zu einer eigenständigen Persönlichkeit. Der seelische Innenraum gestaltet sich, ein individueller Charakter mit eigenen Zuneigungen und Abneigungen, Interessen und Urteilen bildet sich aus. Die neue Freiheit der Jugendphase bietet Herausforderungen für das Selbsterleben und für das – mitunter problematische – Verhältnis zur Umwelt. Am Ende des dritten Jahrsiebts können die jungen Erwachsenen immer eigenständiger mit ihren Seelenkräften umgehen, das Erziehen wird zum Selbsterziehen (Landl 2018, S. 15 ff). Steiner drückt dies so aus, dass der Jugendliche, nachdem sein Körper ausgebildet ist, jetzt seine Aufmerksamkeit auf seine Umwelt richtet: „Und wenn der Mensch im zwölften Jahr angekommen ist, setzt er seinen ganzen Menschen ins Skelett hinein, und dann geht es heraus in die Welt, dann erst geht es heraus. Der Mensch geht durch sich durch und kommt dann in eine Beziehung zur ganzen Welt“ (Steiner 2001, 2. Vortrag 1922).

Die Jugendlichen erfahren im dritten Jahrsiebt auch, wie sich ihr Körper wandelt. Er wächst, wird gewichtiger, kräftiger und verändert sich; die inneren Organe wie Herz und Lunge werden größer, die Atemtiefe wächst. Das körperliche Wachstum beginnt mit den Gliedmaßen und erst danach im Rumpf, sodass die Jugendlichen ihren Körper zeitweilig als unausgewogen empfinden. Der Geschlechtsreife tritt ein, die sekundären Geschlechtsmerkmale bilden sich bei Mädchen und Jungen aus (Götte et al. 2009, S. 222 ff.). Die Jugendlichen sind damit beschäftigt, ihren Körper neu zu entdecken und ihn neu beherrschen zu lernen. Sie erfahren dabei oft ein Gefühl der Unsicherheit, das sie abweisend, schroff oder aufsässig erscheinen lässt (Stemplinger 2022, S. 16 ff.). Rudolf Steiner drückt diese Entwicklung so aus: „Man kann das ohne Übertreibung sagen, denn es ist die reine Wahrheit: Der Mensch wird mit der Geschlechtsreife aus dem geistig-seelischen Leben der Welt hinausgeworfen und hineingeworfen in die äußerliche Welt" (Steiner 2001, S. 239). Schuchardt führt dazu aus: „Folgeerscheinungen dieses Herausgeworfenseins sind Gefühle der Einsamkeit, der Fremdheit, der Vereinzelung. Es kann eine Sinnkrise eintreten, die sich in bewußten oder auch nur latenten Fragen äußert: Warum bin ich auf der Welt? Wer bin ich überhaupt? Warum gehe ich überhaupt zur Schule?" (Schuchhardt 1997, S. 177).

Die Jugendlichen hinterfragen ihr Verhältnis zur Schule. Und die Schulen haben manche Probleme mit ihren Schüler*innen. Damit sie einen Sinn darin sehen, die Schule zu besuchen und dies aus ihrem eigenen Entschluss und Willen heraus tun, müssen die Jugendlichen eine persönliche Verbindung zu den Inhalten und Formen des Unterrichts aufbauen können:

> „Das ist etwas, was ich damit bezeichnen möchte, daß wir in Wahrheit und Wirklichkeit lernen müssen, nicht bloß unsere Jugend als entwickelungsfähig zu erleben, sondern das ganze Dasein zwischen Geburt und Tod. Dazu wird natürlich eine neue Erziehung notwendig sein. Indem unsere alten Leute an ihre Schuljahre zurückdenken, denken sie gewöhnlich an nichts Angenehmes zurück. Wir müssen in die Lage kommen, die Schuljahre so zu gestalten, daß sie, wenn wir uns an sie zurückerinnern, immer ein neuer Quell des Auflebens für uns sind" (Steiner 2024a, 126).

Nichts von alledem kommt überraschend, dennoch sind diese Jahre der Veränderung immer von Fragen, Zweifeln, Unsicherheiten, Konfrontationen, Konflikten und Orientierungsproblemen begleitet. Sowohl für die jungen Menschen wie auch für ihre Eltern und Lehrer*innen bedeuten die Jugendjahre eine Herausforderung. Aber eben, weil dies auch die Jahre sind, an die wir uns zurückerinnern, wenn wir Kraft tanken wollen, sind sie besonders wertvoll.

1.2 Entwicklungsprozesse im Jugendalter

Das Beständige im Jugendalter ist das Unbeständige. Die Jugendlichen entwickeln sich im Verlauf der Oberstufe ständig weiter. Auch auf die Gefahr hin, zu verallgemeinern, lassen sich die Merkmale des Sich-weiter-Entwickelns grob so skizzieren. (Als Lehrer*in steht man nicht nur dem Individuum, sondern auch dem Kollektiv, also der Klasse gegenüber. Und bei der Ansprache der Klasse ist es nötig, deren Entwicklungsstadium zu berücksichtigen, auch wenn Einzelne dem hinterherlaufen oder vorauseilen.)

Zu Beginn der Oberstufe haben viele Jugendliche eine idealistische Grundhaltung. Wichtig sind ihnen Ideale von Individualität und Gerechtigkeit. Allerdings bemerken sie bei sich und bei anderen eine Diskrepanz zwischen Reden und Handeln. Sie machen die Erfahrung, dass eine einmal entstandene Idee oftmals relativiert und nicht absolut umgesetzt wird. Dann reagieren sie enttäuscht und fordern eine Umsetzung eines Entschlusses oder einer Erkenntnis kompromisslos ein. Oftmals wird dies als ein Angriff auf die eigene Persönlichkeit erlebt und ruft heftige, vermeintlich unabdingbare, Reaktionen und Emotionen hervor. Die pädagogische Herausforderung zu Beginn des Jugendalters ist es, die Jugendlichen hier abzuholen und sie zu unterstützen, ein gereiftes Verhältnis zu sich selbst und ihrer Umwelt zu entwickeln.

Nachdem die schlimmsten Turbulenzen der Pubertät überwunden sind, haben die Heranwachsenden vielfach ein neues Verhältnis zur Welt gefunden. Die Oberstufe ist bei den Jugendlichen eine Lebensphase, in der sich der Körper verändert, wächst und schwerer wird, und dadurch für Verunsicherung sorgt. Dies kann zum Rückzug führen. Manche Schüler erscheinen im Hoodie, in dessen Kapuze Teile des Gesichts mit verborgen sind, oder mit tief in die Stirn geschobener Kappe in der Schule. Andere Schüler*innen begeben sich tief in virtuelle Welten und verbringen halbe Nächte damit, am Computer oder Handy zu spielen. Andere, vorwiegend Schülerinnen, überspielen dies, und treten forsch, extrovertiert und zu Weilen fordernd der Welt gegenüber. Neben das Bedürfnis nach Abgrenzung tritt ein Bedürfnis nach Zugehörigkeit. Es wird wichtig, zu Freund*innen, Freundesgruppen und Neigungsgruppen, wie Sportmannschaften, zu gehören. Die Heranwachsenden ringen um ihren eigenen Standpunkt. Sie möchten die Welt verstehen und sich in ihr orientieren. Zunehmend tritt neben eine emotionale Herangehensweise das Bestreben, sich Weltzusammenhänge mit dem eigenen Verstand zu erschließen. Erst jetzt sind die Jugendlichen in der Lage, authentisch und differenziert ihr Gegenüber als eigenes Individuum zu verstehen. Ein Empfinden für die Würde des Menschen und ihre Realisierung in jeder Form der zwischenmenschlichen Beziehung erwacht.

Im Verlauf der Oberstufe werden sich die Jugendlichen ihres Platzes in der Welt und ihres eigenen seelischen Erlebens sicherer. Sie werden sich ihrer eigenen Möglichkeiten und Grenzen bewusst und entwickeln eigene Werte. Oftmals wird diese Entwicklung von einem Interesse an Weltanschauungen und Philosophie begleitet. Die Heranwachsenden entwickeln Empathie und eine differenzierte Urteilsfähigkeit.

Gegen Ende der Oberstufe werden die Schüler*innen achtzehn Jahre alt. Die Fähigkeiten der Jugendlichen in Kognition, Empathie und Gestaltungskraft prägen sich weiter aus. Sie stellen sich der Frage, wie sie ihre soziale Umwelt mitgestalten möchten und welchem Wertekanon sie sich verpflichtet fühlen. Der Blick richtet sich auf die eigene Zukunft in ihrem Lebensraum. Fragen nach einer künftigen Ausbildung und Berufstätigkeit, Partnerschaft und Lebensgestaltung werden bewegt. Die zwölfte Klasse vermittelt einen Ansatz zu einem lebenslangen Lernprozess und zu der Bereitschaft, Verantwortung in der Gesellschaft zu übernehmen.

Dieses Schema ist, wie eingangs gesagt, nur ein grober Orientierungsrahmen. Dazu kommen weitere Beobachtungen. Keine Klasse ist wie die andere. Manche Klassen gelten als schwierig, andere als kooperativ, manche Klassen sind jung für ihr Alter, andere reifer. Als Lehrer*in geht man ungerner zu einer Klasse und mit Freude zu einer anderen. Manche Schüler*innen machen einem oder einer Sorgen, andere machen einen oder eine stolz. Das Mit- und Zwischenmenschliche ist keine Ingenieurswissenschaft, die für jede Erziehungsaufgabe die passende Schablone bereitstellt. Die Waldorf-Jugendpädagogik sorgt dafür, dass man gar nicht versucht, es sich einfach zu machen. Das dritte Jahrsiebt ist so vielfältig und wandlungsfähig, dass sein Charakteristikum vor allem darin zu bestehen scheint, dass Fehler in der Führung von Schüler*innen und Klassen schwerer wiegen, aber Erfolge umso heller strahlen.

Die folgenden Ausführungen werden methodisch durch die Werke Rudolf Steiners, die Quelle der Waldorfpädagogik, fundiert, und diese durch aktuelle Literatur und Praxiserfahrungen kontextualisiert.

Teil I: Grundzüge der Oberstufe an Waldorfschulen

Die in der Einleitung zitierte Aussage von Rudolf Steiner, dass es der letzte Schritt sei, die Jugendlichen „in Freiheit zu entlassen“ (Steiner 1997, S. 179), gewinnt in der Oberstufe, am Ende der Schulzeit und darüber hinaus, Bedeutung. Steiner spricht hier vor allem von der Freiheit im Denken (Schieren 2016, S. 149). Bis zur 9. Klasse beschäftigte sich der Unterricht hauptsächlich mit dem „Was“ und „Wie“. In der Oberstufe wird die Frage nach dem „Warum“ wichtiger.

Wie in der Unter- und Mittelstufe ist auch der Lehrplan der Oberstufe an die Entwicklung der Schüler*innen angepasst. Inhalte, Tempo, Tiefe wie überhaupt die Gesamtheit der didaktischen Methodik sind eine logische Fortsetzung der vorangehenden Jahre. Die jungen Persönlichkeiten sehen sich neuen Herausforderungen gegenüber. Der Kontrast zur Klassenlehrer*innenzeit macht dies deutlich. Die Klasse und der Klassenbetreuer bzw. die Klassenbetreuerin bilden nun nicht mehr wie früher Schutzraum und Bezugspunkt, stattdessen gewinnen externe Impulse an Bedeutung. Dies darf aber keinesfalls als Verlust einer umsorgten Welt verstanden werden. Durch die Klassenstufen hat die Waldorf-Schule die Jugendlichen sukzessive im Prozess des Reifer Werdens begleitet und es ihnen damit leichter gemacht, sich neuen und für sie nicht immer einfachen Realitäten zu stellen.

Dies ist leichter gesagt als getan. Unsere Welt ist zu divers und komplex und auch zu dynamisch, als dass ein Einzelner fähig sein könnte, objektive Einschätzungen zu den unterschiedlichen Problemen unseres Daseins entwickeln zu können. Das meiste, was wir wissen oder zu wissen meinen, erschließt sich uns weniger auf der Basis von Kausalitäten, sondern durch Plausibilitäten. Dabei vertrauen wir auf den Rat von Expert*innen, beispielsweise aus der Wissenschaft. Doch auch deren Expertisen sind selten letztendliche Wahrheiten, sondern Positionen, die den augenblicklichen Stand eines Diskurses abbilden. Mit Goethes Faust möchte man sagen: „Bilde mir nicht ein, was Rechtes zu wissen“ (Vers 371). Es gehört zu den schwierigsten Aufgaben eines Lehrenden, den jungen und damit auch suchenden Menschen einerseits Vertrauen in die wissenschaftlichen Arbeitsweisen und deren Ergebnisse zu vermitteln und gleichzeitig deren Kritikfähigkeit an deren Aussagen zu entwickeln. Eins nach dem anderen, so könnte es gehen. Zuerst kommt es darauf an, die Suche nach Wahrheit und Lösungen zu trainieren und die Voraussetzungen zu lehren, die dabei unverzichtbar sind, also: Bias und Vorurteile vermeiden, soziale, wirtschaftliche, historische und politische Kontexte berücksichtigen, Empathie und Verantwortungsbewusstsein zeigen. Diese Fertigkeiten müssen nicht neu gelernt werden, sondern sie sind bereits in den Schüler*innen angelegt. Es gilt aber, die Jugendlichen zu ermutigen, dass sie selbstständig den Weg zur Wahrheit suchen und für konkrete Probleme konkrete Ideen entwickeln. Im Verlauf der Oberstufe entfalten die Schüler*innen so auf einer breiten Grundlage die Fähigkeiten des individuellen Urteilens und selbstbestimmten Handelns.

Nach ihrem Selbstverständnis sind Waldorfschulen Institutionen, die Heranwachsende auf dem Weg zu einer gefestigten Individualität unterstützen und ihnen dabei die notwendigen Kompetenzen vermitteln. Der Unterschied zu anderen Schulen mag äußerlich nicht auffällig sein. Die Vorbereitung auf den Abschluss verlangt von allen Schüler*innen einen vergleichbaren Kanon von Kompetenzen und Wissen. Entscheidend ist an Waldorfschulen die Priorisierung. Die jungen Menschen stehen im Mittelpunkt. Die Heranwachsenden erleben während der Oberstufenzeit Umbruchsituationen und Neuorientierungen. Generationen von Schüler*innen werden mit dem Spruch geärgert, dass man nicht für die Schule, sondern für das Leben lerne. Wenn man damit praxisfremde und realitätsferne Inhalte meint, dann kann der Spruch nicht stimmen. Aber wenn es darum geht, einen jungen Menschen zu befähigen, eigenständig und selbstbewusst die Schule zu verlassen und mit klarem Verstand und sicherem Urteil seinen Weg zu finden, dann hat die Schule die jungen Menschen auf ihre Zukunft vorbereitet.

Der künstlerisch-praktischen Unterricht liefert in seiner Vielseitigkeit eine möglichst umfassende lebenspraktische Allgemeinbildung. Praktische, künstlerische und handwerkliche Fächer stärken die Entwicklung des Fühlens und Wollens. Daher nehmen Fächer wie Eurythmie und Musik einen großen Raum ein. Die Jugendlichen erlernen künstlerische Techniken und handwerkliche Grundlagen und erlangen dadurch eine ästhetische Urteilsfähigkeit und eine emotionale Empfindungsfähigkeit. Durch die praktischen Tätigkeiten wird ihr Wille entwickelt, der der sich entwickelnden Individualität Ausdrucksmöglichkeiten und dadurch Unterstützung zur Selbstentwicklung und Selbsterkenntnis bereitstellt.

Nach der achten Klasse endet die Klassenlehrer*innenzeit. In der Regel übernehmen jetzt zwei Klassenbetreuer*innen, oftmals eine Lehrerin und ein Lehrer, die Klasse. Die Klassenbetreuer*innen sind als Fachlehrer*in in ihrer Klasse tätig, sind aber zumeist nicht, wie die Klassenlehrerin oder der Klassenlehrer, an jedem Schultag in der Klasse zugegen. Zumeist werden die Anliegen der Klasse, aktuelle Aufgaben und anstehende Projekte in einer wöchentlichen Betreuer*innenstunde besprochen. Natürlich sind die Klassenbetreuer*innen bei Bedarf für die Schüler*innen da. Konflikte innerhalb der Klasse oder zwischen Jugendlichen und Lehrer*innen werden vor allem als Anlass zum sozialen Lernen verstanden. Die Klassenbetreuer*innen halten regelmäßige Elternabende ab. Auf diesen werden die Eltern über die menschenkundliche Situation der Klassenstufe informiert. Neue Fachlehrer*innen werden eingeladen und stellen sich den Eltern vor. Anstehende Themen wie Praktika und Klassenfahrten, aber auch aufgetauchte Problematiken werden diskutiert. So in etwa gestaltet sich die Organisation ab der neunten Klasse.

Keine Klasse ist wie die andere, Schüler*innen, Lehrer*innen, Klassenverbände und deren Interaktion mit dem Lehrkörper müssen immer anhand der konkreten, individuellen und oft vielschichtigen Gegebenheiten gesehen werden. Zum Gelingen braucht es die Zusammenarbeit aller. Es bedarf Gespräche zwischen den Kolleg*innen, der Kolleg*innen mit den Schüler*innen und mit deren Eltern. Man kann sich die Oberstufe als einen Prozess vorstellen, in dem alle Beteiligten gemäß ihren Bedürfnissen, Fähigkeiten und Ansprüchen verantwortlich eingebunden sind. Das kann kräftezehrend sein und ist es meistens auch. Das Ziel, junge Menschen in der Zeit ihrer Reife zu unterstützen, lässt sich nur durch Hinwendung und Hinschauen erreichen. Einfacher wäre es, die Oberstufe wie ein Raster über die Schüler*innen zu legen und ihnen klar definierte Lernziele vorzugeben. Damit käme man auch zum Abschluss, aber der Mensch bliebe auf der Strecke. Im System der Waldorfschulen kommt deshalb den Eltern eine weit höhere Bedeutung zu als an anderen Schulen. Sie sind nicht einfach Sponsor und Coach ihrer Kinder, sie stehen nicht an der Seitenlinie, sondern sie üben eine wichtige Rolle in der Lenkung der Schule aus.

Eltern, die ihre Kinder auf eine Waldorfschule schicken, tun dies in der Regel, nachdem sie sich eingehend mit den Zielen und Mitteln dieser Schulen beschäftigt haben. Selbst wenn sie nur oberflächlich mit dem Denken Rudolf Steiners vertraut sind, haben sie die Gewissheit, dass dessen pädagogische Empfehlungen und die Erfolge seiner Pädagogik so überzeugend sind, dass sie die Zukunft ihrer Töchter und Söhne den Waldorflehrer*innen anvertrauen. Die Einbindung der Eltern in das Schulgeschehen hilft ihnen, dieses Vertrauen zu festigen, es hilft aber auch der Schule, denn die Entwicklung junger Menschen findet bekanntlich nicht nur im Klassenraum statt. Gerade an der Schwelle von der Klassenlehrer*innenzeit zur Oberstufe sind die Eltern als Partner von besonderer Bedeutung. Sie sind der erste Ansprechpartner für ihre Kinder und können den Lehrenden mit ihrem Feedback wertvolle Informationen in Bezug auf die Individuen wie die Klasse geben (Dietz 2012).

2 Thematische Schwerpunkte einzelner Fächer

Die Waldorfschulen haben im Gegensatz zu den staatlichen Schulen einen eigenen Lehrplan (Richter 2023). In der Oberstufe treten die Natur- und Geisteswissenschaften in zunehmendem Maße in den Vordergrund. Fächer wie Mathematik, Physik, Chemie oder Biologie lassen sich, anders als künstlerisch-kreative Fächer, nicht mittels Talentes und Intuition erschließen. Fleiß, Auffassungsgabe und gedankliche Arbeit müssen geübt werden und ermöglichen den Schüler*innen bei ihren Abschlüssen eine disziplinierte Herangehensweise.

Im Folgenden sollen die Inhalte kurz skizziert werden, um einen Überblick über die Vielfalt und Fülle des Stoffes zu geben. Die Struktur berücksichtigt Notwendigkeiten, die sich aus der Natur der Fächer heraus ergeben und in der Praxis als bewährt erwiesen haben. Die Waldorfschulen folgen bei der Gestaltung des Lehrplans sowohl den inhaltlichen wie didaktischen Regeln aus der Waldorfpädagogik als auch den Parametern, die durch die jeweiligen Kultusminister*innen festgelegt worden sind. Für die Schüler*innen stellt sich der Stoff idealerweise so dar, dass er in Form und Inhalt als Fortschreibung des gewohnten Unterrichts wahrgenommen wird. Dieser Lehrplan sieht im Wesentlichen folgende Schwerpunkt vor (Richter 2023):

In der neunten Klasse stehen in der Biologie die Themen Mensch, Skelett, Muskulatur und Sinnesorgane, in der Chemie die Organische Chemie, Photosynthese und chemische Naturprozesse und in der Physik die Wärmelehre und Nachrichtentechnik im Mittelpunkt. In der Geografie werden Kontinentaldrift, Gebirgsbildung, Vulkanismus, Gesteinskunde und Gewässer behandelt. Im Fach Mathematik sind Kombinatorik, Gleichungen, Kegelschnitte und Geometrie zentral; in Deutsch die Klassik mit Goethe und Schiller, Humor und Tragik sowie Aufsatzarten wie Inhaltsangabe und Zusammenfassung und Vertiefung der Sprachlehre in Grammatik. Zur Mathematik tritt an manchen Schulen bereits in der neunten Klasse das Fach Informatik. In Geschichte wird die Neuzeit mit der Entwicklung der Demokratie, der Industrialisierung und die Geschehnisse des 20. Jahrhunderts behandelt. In den Fremdsprachen stehen die Wiederholung der gesamten Grammatik, Rezitation, Konversation sowie Lektüre und Texte zu Landeskunde, Geschichte und gesellschaftspolitischen Themen auf dem Stundenplan. In den handwerklich-künstlerischen Fächern wird im Malen die Hell/Dunkel-Zeichnung und die Grafik behandelt, in der Musik die allgemeine Musiklehre, Werke aus der Klassik sowie Kanon und Suite. Im Plastizieren werden oft Masken verschiedener Kulturen hergestellt. Im Metallwerken steht das Kupferschmieden an, in der Handarbeit das Schneidern und Korbflechten. In der

Eurythmie werden Raumformen nach musikalischen und grammatikalischen Strukturen entwickelt. In einer Kunstbetrachtungs-Epoche wird die Geschichte der Malerei und Plastik betrachtet. Vielfach steht im Gartenbau das Kochen auf dem Stundenplan.

Der Religionsunterricht teilt sich zumeist in ökumenischen Religionsunterricht und freien christlichen Religionsunterricht. Besprochen werden Themen wie z. B. Sterben und Tod, die Weltreligionen, Biografien, Glaube und Individualität.

Während in der neunten Klasse der Prozess des Erkennens, des Nachvollziehens, im Mittelpunkt steht, steht die zehnte Klasse unter dem Gesichtspunkt des Erwägens und Abwägens. In der Biologie werden der Mensch, die inneren Organe und ihre Wechselwirkung behandelt, in der Chemie Salze, Säuren, Basen, in der Physik die Mechanik, in der Geografie die Klimakunde, die Meeresströmungen und die Astronomie. In der Mathematik stehen Wurzeln, Potenzen, Logarithmen, Trigonometrie und Kegelschnitte im Mittelpunkt. An vielen Schulen kommen die Fächer Politik oder Wirtschaft hinzu. In Deutsch werden traditionell das Nibelungenlied und dramatische Texte gelesen. An literarischen Formen werden Erörterungen, Charakterisierungen, Romane, Kurzprosa und Lyrik besprochen. Weiterhin wird die Sicherheit in der Rechtschreibung vertieft. In einer Poetik-Epoche wird der künstlerische Umgang mit Sprache praktisch geübt. Im Fach Geschichte stehen die Frühgeschichte, die Anfänge und die Entwicklung der Menschheitsgeschichte bis hin zu den antiken Hochkulturen, dem komplexen Reich der Ägypter und der klassischen griechischen Antike im Zentrum. In den Fremdsprachen stehen weiterhin Rezitation, Konversation, Lektüre, Texte zu Landeskunde, Geschichte und gesellschaftspolitischen Themen auf dem Stundenplan. In den handwerklich-künstlerischen Fächern werden im Malen Landschaftsstimmungen in Farbe angefertigt, im Plastizieren organische Plastiken, im Metallwerken Werkstücke im Eisenschmieden, in der Handarbeit Werkstücke im Filzen und Spinnen. In der Musik werden Sonatenhauptsatzform, Sinfonie, Werke der Romantik und das Musical besprochen. In der Eurythmie werden klassische Werke der Musik und Rhythmen der Sprache analysiert und gestaltet. Im Gartenbau wird der Obstbaumschnitt besprochen.

In der elften Klasse stehen die Zusammenhänge im Mittelpunkt. In der Biologie werden Genetik, Zellenlehre, Mikroskopie und Entwicklung des Pflanzenreiches behandelt, in der Chemie die chemische Elektrizität und das Periodensystem, in der Physik die Atomphysik, Elektrizitätslehre und der Magnetismus. In der Geografie wird über Ressourcen gesprochen. In der Mathematik kommt die analytische und projektive Geometrie hinzu. Im Deutschunterricht werden traditionell der mittelalterliche Roman Parzival, Dramen und Prosatexte gelesen, im Fach Geschichte ist das Mittelalter Thema. In den Fremdsprachen werden Entwicklungsromane und Biografien gelesen sowie Charakterisierungen und Zusammenfassungen geschrieben, auch Konversation und Rezitationen stehen auf dem Plan. In den handwerklich-künstlerischen Fächern wird im Malen das menschliche Porträt in Farbe angefertigt, im Plastizieren ein Kopf-Porträt, im Metallwerken Werkstücke im Reliefschmieden und im Metallguss. In der Handarbeit steht Weben und Kartonage auf dem Stundenplan. In der Musik ist die Musik des 20. Jahrhunderts, sinfonische Dichtung und Werke aus Rock und Pop Thema. Außerdem gibt es eine Musikepoche. In der Eurythmie stehen mehrstimmige Musikstücke, Dichtungen in verschiedenen Sprachen, Vokalen und Planeten im Mittelpunkt. Im Gartenbau wird die Rosenveredelung besprochen.

Die zwölfte Klasse schließt die traditionelle Waldorf-Schulzeit ab und dient zugleich der Vorbereitung auf die staatlichen Abschlussprüfungen. In der Biologie sind Evolution und Zoologie Thema, in der Chemie die organische Chemie, in der Physik die Optik; die Globalisierung tritt im Geografieunterricht in den Blickpunkt. In Mathematik werden Analysis, Differential-, Integral- und Vektorrechnung behandelt; in Deutsch ein Überblick über die Literaturgeschichte, Goethes Faust und Interpretationen; und in Geschichte die Neuzeit bis hin zur Gegenwart sowie eine Überblicksepoche. In den Fremdsprachen stehen zeitgenössischer, futuristischer oder historischer Roman, Landeskunde, zeitgenössische Themen, Interpretationen, und weiterhin Konversation und Rezitation auf dem Stundenplan. In den handwerklich-künstlerischen Fächern wird im Malen die freie gestische Malerei behandelt, in der Handarbeit das Buchbinden. Außerdem werden Kostüme für das Theaterprojekt genäht. In der Eurythmie erarbeiten die Jugendlichen eine Aufführung als Teile des Waldorf-Abschlusses. In der Kunst findet eine Architekturepoche statt. Themen im Musikunterricht sind Minimal Musik, Jazz, Filmmusik und Kompositionstechniken.

Die 13. Klasse bereitet die künftigen Abiturient*innen auf die Abiturprüfung vor. Die Unterrichtsinhalte richten sich nach den geltenden Verordnungen und Unterrichtsthemen des jeweiligen Bundeslandes.

Der Lehrplan wird in der Praxis von den einzelnen Schulen gemäß ihren Bedürfnissen geändert oder erweitert, bleibt dabei jedoch stets auf die Grundsätze bezogen. Nur in der Schulzeit und insbesondere im dritten Jahrsiebt werden wir als Menschen mit einem derartig breiten Kanon an Ideen, Wissen und Handlungen konfrontiert. Später, im Studium oder in der Ausbildung, lernen wir zielorientierter. Die Thematiken bleiben komplex und anspruchsvoll, aber der Fokus ist viel enger. Das meiste, was die Schüler*innen an Wissen ansammeln, werden sie später wieder vergessen. Bleiben wird die Fähigkeit, die Interessen in alle Richtungen zu lenken und neue Aufgaben mit Zuversicht zu meistern.

3 Nachhaltigkeit und Umweltschutz

Rudolf Steiner lebte in unruhigen Zeiten mit Kriegen und Krisen, wie wir sie heute wieder kennen. Seine Aussagen zu so unterschiedlichen Themenfeldern wie Philosophie, Religion, Pädagogik, Medizin, Pharmazie oder Landwirtschaft vermitteln niemals eine pessimistische Sicht, sondern betonen den Sinn und die Notwendigkeit von Entwicklung und Erfüllung. Verkürzt könnte man sagen, dass er trotz widriger Umstände optimistische Botschaften vermittelte. Dieser Geist beseelt die Waldorfschulen bis heute und ist die Grundlage ihres Erfolges. Rudolf Steiner erklärt: „Das was wir im Leben brauchen als im eminentesten Sinne belebende Kräfte, das sind die Kräfte der Hoffnung, der Zuversicht für das Zukünftige. Der Mensch kann ohne die Hoffnung überhaupt nicht einen Schritt im Dasein machen, insoweit es der physischen Welt angehört" (Steiner 2014, S. 175 f.; Pleštil o. J.). Individuum und Gesellschaft bedingen einander. Hoffnungen und Erwartungen auf das je persönliche Lebensglück sind nur dann nachvollziehbar, wenn man insgesamt eine positive Zukunft erwarten darf. Es gilt Theodor W. Adornos sprichwörtlich gewordene Sentenz, wonach es kein richtiges Leben im Falschen geben könne (Theodor W. Adorno, Minima Moralia 43). In unserer Zeit wird nicht nur unter Jugendlichen eine Ausbreitung von Einsamkeit und Pessimismus beobachtet (UNICEF, The State of the World's Children 2021, https://www.unicef.org/reports/state-worlds-children-2021). Die Ursachen dafür liegen nicht in den materiellen Lebensbedingungen, denn die sind so gut wie noch nie in der Menschheitsgeschichte. Sämtliche Parameter für Wohlstand, Gesundheit oder Bildung sind im Vergleich zur Vergangenheit gestiegen (UNICEF, Worlds of Influence: Understanding what shapes child well-being in rich countries, Innocenti Report Card 16, https://www.unicef.org/innocenti/reports/worlds-of-influence). Ausgenommen hiervon sind *failed states*, Kriegs- und Bürgerkriegsgebiete. Die Erwartungen aber sind gesunken. Die Zeichen bei Klimawandel, Migration, Wirtschaft oder Demokratie deuten auf Verfall und Verlust hin und werden vielfach so wahrgenommen (Shell Jugendstudie 2024). Die traditionellen, wie die sozialen Medien fluten die Öffentlichkeit mit Negativmeldungen. *Fridays for Future* oder die *Letzte Generation* wirken wie Verzweifelte, die sich der Übermacht von Naturzerstörung und Ausbeutung entgegenstemmen, ohne dass sich etwas zu ändern scheint (Haidt 2024).

Zum Sittengemälde unserer Zeit gehört aber auch die Beobachtung, dass seit dem ersten Bericht des Club of Rome 1972, seit über einem halben Jahrhundert ständig behauptet wird, die Uhr stehe auf fünf vor zwölf. Gerade junge Menschen sind für alarmistische Positionen empfänglich, und nichts wäre fataler, als sie in ihrem Gerechtigkeitsempfinden und ihrem Tatendrang zu bremsen. Die schwierige Aufgabe für den Lehrkörper besteht darin, den Elan der jungen Menschen von der Gefahr pessimistischer Sichtweisen wegzulenken, ohne die konkreten Bedrohungen unserer Zukunft zu leugnen. Eine positive Sichtweise auf sich selbst und die Erwartung auf eine Wendung zum besseren insgesamt ist nicht nur eine Frage der inneren Haltung, sondern auch eine historische Erfahrung. Die Generation der Babyboomer, die jetzt erst aus dem Arbeitsleben scheidet und bis dahin lehrend das Schulgeschehen geprägt hat, hat Migration, Kriege und den Kalten Krieg erlebt, aber auch den Fall des Eisernen Vorhangs. Sie hat die Umweltpolitik geschaffen und dafür gesorgt, dass man in unseren Flüssen wieder baden kann. Sie hat die Emanzipation der Frau und die Anerkennung von LGBT+ realisiert. Sie hat aber auch den folgenden Generationen etliche Probleme hinterlassen, unter denen Ressourcenausbeutung und Klimawandel wohl die größten sind.

Die Größe und Komplexität der Zukunftsfragen lässt sie leicht als unlösbar erscheinen. Für die Lehrerin bzw. den Lehrer ist es, wie an den folgenden Beispielen gezeigt wird, nötig und möglich, einen Zugang zu finden, der Optimismus zulässt.

3.1 Umweltschutzprojekte und ökologische Initiativen in der Waldorfschule

Jugendliche fühlen sich von Umweltfragen direkt betroffen. Das zeigen die von Löwe und Gscheidle gesammelten Ansichten von Waldorf-Schüler*innen. Ein Jugendlicher drückte sich so aus: „Wir müssen ja schließlich später noch in der Welt leben, die die Erwachsenen verdreckt haben" (Löwe & Gscheidle 1988, S. 181). Hieran knüpft die Waldorf-Jugendpädagogik an. Sie greift Themen wie die Bedeutung und den Wert der Natur und die eigene Rolle und Verantwortung als Teil des ökologischen Systems, beispielsweise in Form von Stoffgeschichten (Schmidt-Dietrich 2021, S. 42 f.) auf. Die ganzheitliche Sichtweise, die der Waldorfpädagogik eigen ist, dient herbei als inhaltliche wie methodische Anleitung.

Ökologische Ethik wird nicht nur theoretisch, sondern auch praktisch in den Unterricht integriert. An Waldorfschulen bieten Projekte zur Förderung der Biodiversität, zur Reduzierung des ökologischen Fußabdrucks und zur Schaffung eines naturnahen Lernumfelds Gelegenheit, aktiv an der Gestaltung der schulischen Umgebung teilzunehmen und ein Bewusstsein für ökologische Prinzipien zu entwickeln. Dies kann die Anlage von Schulgärten oder Biotopen, die Installation von Solarenergieanlagen, Regenwassersammelsystemen, Kompostieranlagen oder die Einrichtung eines Recyclingprogramms sowie die Schaffung von Freizeit- und Erholungsbereichen im Freien umfassen.

Exkursionen, ökologische Projekte und praktische Erfahrungen in der Natur sowie die Planung und Durchführung von Maßnahmen zum Umweltschutz bieten die Möglichkeit, aktiv am Umweltschutz teilzunehmen und Verantwortung für die Umgebung zu übernehmen. Dies kann die Organisation von Müllsammelaktionen oder die Anlage von Bienenweiden einschließen. Exkursionen in verschiedene Ökosysteme, wie Wälder, Flüsse, Seen oder Küstenlandschaften ermöglichen es, die Vielfalt der Tier- und Pflanzenwelt kennenzulernen, natürliche Prozesse zu beobachten und die ökologischen Zusammenhänge vor Ort zu erforschen. Die Heranwachsenden sind an der Planung und Umsetzung solcher Projekte aktiv beteiligt und lernen, wie sie nachhaltige Entscheidungen treffen und ökologische Prinzipien in die Praxis umsetzen können. Liebenwein, Barz und Randoll haben eine Befragung über schulische Umwelterziehung unternommen:

> „Ja, in Projekten und wie man auf die Natur guckt. Wenn man Pflanzen- und Tierkunde macht, dass man sieht, da sind Zusammenhänge. Dass man nicht einfach nur eine Pflanze abrupft, sondern sieht, wie wächst die, wie wurzelt die. [...] Das ist als Haltung einfach da, dass es erhaltenswert und schützenswert ist. (Schüler 9g)"

> „... Ich erinner' mich an eine Klassenfahrt, die mein Mann begleitet hat, wo die Kinder mit Fahrrad und Zelt so rumgezogen sind an der Ostsee und eigentlich Entsetzen darüber herrschte, bei den Eltern und bei dem Lehrer, über das Umweltbewusstsein der Kinder. Also die haben ihren gesamten Müll einfach überall hingeschmissen und waren nur mit Mühe dahin zu bewegen, ihren Müll da wegzuräumen. Also das kann man jetzt nicht sagen, dass das schon groß abgefärbt hätte von der Schule. (Mutter 9g)"

> „Umwelt ist natürlich immer mit Waldorfschule schwierig, weil ja der Fahraufwand teilweise erhöht ist. Da denke ich immer, ob das alles so nötig ist, dass die Kinder zum Beispiel zur Schule gebracht werden. Und da würde ich mir zum Beispiel wünschen, dass man das mal mehr thematisiert. Dass man sagt, ‚hallo Leute, wenn ihr eure Kinder jeden Tag zur Schule gurkt, dann hat das ja mit Ökologie recht wenig zu tun'. An anderer Stelle, dieses Landwirtschaftspraktikum, da müssen sie immer zu einem Biobetrieb gehen, am liebsten Demeter, das ist ja dann wieder ökologisch. Ich denke, viele Lehrer haben das, vermitteln das auch, aber ich glaube, dass man das noch mal ein bisschen mehr intensivieren könnte (Vater 12b)" (Liebenwein & Barz & Randoll 2012, S. 185 f.).

Aus den diversen Antworten scheinen zwei Aspekte einer näheren Betrachtung wert. „Umwelterziehung" ist kein eigenes Schulfach und darauf angesprochen, folgt logischerweise die Antwort, dass es diese nicht gebe. Tatsächlich findet das Thema in etlichen Bereichen des Unterrichts statt. Hier wäre es sinnvoll, wenn die Lehrenden gelegentlich darauf hinweisen, dass der jeweilige Unterrichtsstoff auch Schnittmengen mit anderen Bereichen hat. Dies ist in der ganzheitlichen Lehrmethode der Waldorfschulen angelegt, bedarf aber vor allem im Jugendalter gelegentlich einer Erläuterung und Bewusstmachung. Anders (2024) hat deutlich gemacht, dass die pädagogische Umsetzung der von der Kultusministerkonferenz (KMK) in ihrer 386. Sitzung im Juni 2024 überarbeiteten Empfehlung zur Bildung für nachhaltige Entwicklung (BNE) in Unterrichtspraxis und Schulleben der staatlichen Schulen noch selbstverständlicher integriert werden sollte (Brock & Holst 2022). Für die Waldorfschulen trägt der Bundes der Freien Waldorfschulen das Bildungspotenzial der Waldorfschulen für die Gestaltung einer lebenswerten Zukunft auf der Internetseite https://www.waldorfschule-bne.de zusammen.

Umweltschutzprojekte und ökologische Initiativen bieten Gelegenheiten für interdisziplinäres Lernen und die Integration von Umweltthemen in den Lehrplan. Themen wie Nachhaltigkeit, Biodiversität, Klimawandel und Umweltschutz können in naturwissenschaftlichen Fächern wie Biologie, Geografie oder Physik reflektiert und in künstlerischen Fächern wie Malen, Zeichnen oder Fotografie kreativ ausdrücken werden (Löwe & Gscheidle 1988, S. 183).

Der zweite Punkt ist schwieriger zu kommunizieren. Es ist nicht Aufgabe der Waldorfschulen, ihre Schüler*innen zu Umweltschützer*innen zu erziehen (UNICEF, Worlds of Influence: Understanding what shapes child well-being in rich countries, Innocenti Report Card 16, https://www.unicef.org/innocenti/reports/worlds-of-influence). So sinnvoll Natur- und Klimaschutz auch sind, die Frage, wie pragmatisch und wie moralisch ein Mensch sich hier verhält, ist seine eigene individuelle Entscheidung. Genauso ist es seine eigene Entscheidung, ob er später einen pflegenden, produzierenden oder akademischen Beruf ergreifen möchte. Die Waldorfschule tut alles, den Schüler*innen den Weg zu richtigen Entscheidungen zu bahnen, aber sie wird sie niemals indoktrinieren, auch nicht für eine gute Sache.

3.2 Biodynamische Landwirtschaft und ökologischer Anbau

Die Heranwachsenden sammeln in der Oberstufe praktische Erfahrungen im Bereich der Landwirtschaft. Dass es da mehr zu entdecken gibt als bäuerliches Handwerk, macht Rudolf Steiner mit einer einfachen Aussage deutlich: „Es handelte sich also schon um ein ganz beträchtliches Thema" (Steiner 2022, S. 4). Für Steiner war die Landwirtschaft eine „kosmisch-irdische" Frage, der er in mehreren Vorträgen nachging (Steiner 2022). Sein „Landwirtschaftlicher Kurs" ist mit dem Titel „Geisteswissenschaftliche Grundlagen zum Gedeihen der Landwirtschaft" überschrieben: „Gerade bei der Landwirtschaft zeigt es sich, daß aus dem Geiste heraus Kräfte geholt werden müssen, die heute ganz unbekannt sind, und die nicht nur die Bedeutung haben, daß etwa die Landwirtschaft ein bisschen verbessert wird, sondern die die Bedeutung haben, daß überhaupt das Leben der Menschen – der Mensch muß ja von dem leben, was die Erde trägt – eben weitergehen könne auf Erden auch im physischen Sinne" (Steiner 2022,

S. 4). Das Thema nimmt einen zentralen Ort im Konzept der Waldorfschulen ein und ist deshalb auch integraler Bestandteil des Lehrplans. Dies kann den Anbau von Lebensmitteln im Schulgarten, oder im Rahmen des Landwirtschaftspraktikums die Mitarbeit auf biodynamischen Höfen umfassen. Dadurch werden die Jugendlichen vertraut mit den Arbeitsweisen landwirtschaftlicher Betriebe und den Prinzipien der biodynamischen Landwirtschaft, die auf ganzheitlichen und nachhaltigen Prinzipien basiert, welche die Wechselwirkungen zwischen Boden, Pflanzen, Tieren und Menschen berücksichtigen. Rudolf Steiner macht durch den Vergleich mit einer Magnetnadel deutlich, dass in der Natur alles mit allem zusammenhängt:

> „Daß man in diesen Dingen einmal richtig schaut, richtig sieht, das ist von einer ungeheuren Bedeutung [...] Die ganze Erde nimmt man zu Hilfe, um die Richtung der Magnetnadel zu erklären. Man geht aus der Magnetnadel heraus. Man würde den für kindisch halten, der meinte, daß die Ursache dafür in der Magnetnadel liege. So kindisch ist man aber, wenn man glaubt, daß dasjenige, was die heutige Wissenschaft in unmittelbarer Nähe der Pflanzen oder in der unmittelbaren Umgebung konstatiert, von dem abhänge, was man da anschaut" (Steiner 2022, S. 22).

Darüber hinaus werden Themen wie Ernährungssouveränität, lokale Lebensmittelproduktion und die ökologische, soziale und wirtschaftliche Bedeutung einer nachhaltigen Landwirtschaft für die Umwelt und die Gesellschaft in den Lehrplan der Oberstufe integriert. Für die Vermittlung von Kenntnissen über ökologische Zusammenhänge, nachhaltige Produktionsweisen und gesunde Ernährung ist in der Regel keine besondere Überzeugungsarbeit zu leisten. Einige Eltern, die ihre Kinder auf eine Waldorfschule schicken, stammen aus Milieus, die einen verantwortungsbewussten Umgang mit Ressourcen und eine ausgewogene Ernährung anstreben. Es ist also zu erwarten, dass die schulischen Bemühungen auf positive Resonanz in den Familien treffen. Anders als in den akademischen und selbst den kreativen, künstlerischen Fächern ist bei Gartenbau und Landwirtschaft der Bezug zu Praxis, Aufwand und Ertrag unmittelbar. Kinder und Jugendliche haben von der ersten Minute an Erfolgserlebnisse, und selbst die Klügsten in der Klasse haben die Freude, sich im wörtlichen Sinne „zu erden".

Die Vervollkommnung gärtnerischen und landwirtschaftlichen Handwerks findet in der Küche statt. Ohne abwechslungsreiche Gerichte, am besten aus Produkten, die die Schüler*innen aus dem Gartenbau kennen, verpufft der Lehrerfolg ein Stück weit. Die Belohnung für die Arbeit im Pflanzenbeet ist der Genuss in der Schulkantine. Hier kann man viel falsch machen, und es wird tatsächlich auch viel falsch gemacht. Wenn die Schüler*innen zu Fast Food greifen, bringt sich die Schule um den Erfolg ihres landwirtschaftlichen Unterrichts. Aus guten Gründen greifen die Waldorfschulen nicht auf Convenience-Produkte oder die Dienste eines Caterers zurück, sondern kochen selbst. Gerichte, in denen

Aromen und Textur den Gaumen erfreuen, sind keine Frage des Geldes, sondern des Könnens und Wollens. Landwirtschaftlicher Unterricht und Schulessen sind übrigens keine Anleitung zum Vegetarismus oder Veganismus. Diese Ernährungsformen mögen attraktiv sein, aber sie werden nicht autoritär verlangt. Eine verantwortungsvolle Ernährung ist auch mit Fleisch möglich. Ob ein*e Schüler*in auf Fleisch verzichten möchte, ist seine oder ihre eigene Entscheidung.

4 Gesellschaftliche Verantwortung

Anders als ältere Menschen, deren Resilienz mit wachsenden Erfahrungen robuster wird, ist der junge Mensch dem Gewitter täglicher Katastrophenmeldungen unvorbereitet ausgesetzt. Rudolf Steiner betont, dass im Jugendalter neben der Urteilskraft die „soziale Liebe" heranreift: „Aber es erwacht auch die Fähigkeit zu sozialer Liebe, ohne die es keine sozialen Einrichtungen in der Welt gibt" (Steiner 1991a, S. 192ff.; 15.6.1919). Das wachsende Bewusstsein für Moral und Ethik macht die Heranwachsenden offen für die Ungerechtigkeiten der Welt, denen sie selbst aber nichts entgegenzusetzen wissen außer Empörung oder Empathie. Die Psychologie beschreibt verschiedene Wege, mit denen Individuen ihren Seelenfrieden meist unbewusst verteidigen (Reinhardt 2014). Doch in der Schule kann das Individuum die Last mit anderen teilen und Strategien der Selbstbehauptung entwickeln. Die Frage, wie man selbst ein glücklicher Mensch angesichts des Unglücks so vieler anderer sein könne, stellt sich jeder, aber Kinder und Jugendliche stellen sie mit größerer Dringlichkeit. Die Waldorfschule kann hierauf keine allgemeine Antwort formulieren. Sie kann aber Möglichkeiten aufzeigen, wie die geistige Belastung ertragen werden kann, ohne in Verzweiflung, Scham und Hoffnungslosigkeit wegzugleiten. Der Schlüssel zu allem ist das vertrauensvolle Gespräch und das Aussprechen dessen, was ist und was einen belastet.

Vor allem im Deutsch-, Geschichts-, Fremdsprachen- und Gemeinschaftskundeunterricht werden historische und aktuelle Beispiele für soziale Bewegungen, Bürgerrechtskämpfe und Solidaritätsaktionen betrachtet, die sich für soziale Gerechtigkeit eingesetzt haben. Die Lehrkräfte regen Diskussionen über die Prinzipien der Gleichheit, der Solidarität, der Fairness sowie über soziale Probleme und Ungerechtigkeiten in der Gesellschaft und Gemeinschaft an. Rudolf Steiner gibt dazu zu bedenken:

> „Wenn Sie eine wirkliche Gemeinschaft wollen, so müssen Sie wollen, daß das Ganze ebenso durch den Einzelnen wie der Einzelne durch das Ganze beeinflußt ist. [...] Ihre Gemeinschaft wird etwas in sich haben von dem, was das Urgeheimnis ist aller menschlichen Gesellschaft, daß dasjenige, was wir selber innerhalb der Gesellschaft tun, nicht Früchte trägt für uns selber, sondern für die anderen, und daß alle Früchte für uns selbst von den anderen kommen" (Steiner 2015, S. 426ff.).

Diese von Steiner angeregten Thematiken und Inhalte finden sich im Orientierungsrahmen für den Lernbereich Globale Entwicklung wieder, den das Bundesministerium für wirtschaftliche Zusammenarbeit und Entwicklung mit der Kultusministerkonferenz zwischen 2004 und 2007 entwickelt hat (Overwien

2013, S. 23 ff.): „Bildung im Lernbereich Globale Entwicklung soll Schülerinnen und Schülern eine zukunftsoffene Orientierung in der zunehmend globalisierten Welt ermöglichen, die sie im Rahmen lebenslangen Lernens weiter ausbauen können. Unter dem Leitbild nachhaltiger Gestaltung des persönlichen und beruflichen Lebens, Mitwirkung in der eigenen Gesellschaft und Mitverantwortung im globalen Rahmen" (KMK / BMZ 2007, S. 69, zitiert nach Overwien 2013, S. 25).

Im Unterricht werden Themen wie Diskriminierung, Zugang zu Bildung und Gesundheitsversorgung, Arbeitsbedingungen, Geschlechtergleichstellung, Verteilung von Ressourcen und Chancen in der Welt sowie Möglichkeiten zur Bekämpfung von Armut und Ungleichheit diskutiert. Die Heranwachsenden denken über ihre persönliche Verantwortung als Mitglieder einer Gemeinschaft sowie über ihre individuellen Werte, Überzeugungen und Fähigkeiten nach. Im Unterricht geht es auch um die Anerkennung der Vielfalt von Talenten und Perspektiven innerhalb einer Gemeinschaft und die Wertschätzung der Beiträge jedes Einzelnen. Des Weiteren werden Möglichkeiten zur Mitgestaltung in der Gesellschaft, sei es durch politische Partizipation, soziales Engagement, Umweltschutzaktivitäten oder künstlerische Ausdrucksformen sowie deren ethische und moralische Dimensionen, besprochen. Werte wie Gerechtigkeit, Solidarität, Empathie und Nachhaltigkeit werden reflektiert und ein Bewusstsein für persönliche Verantwortung gestärkt (vgl. Künzli David & Bertschy 2013). Die Lehrkräfte motivieren in Projektwochen oder im Sozialpraktikum die Jugendlichen dazu, sich für benachteiligte oder bedürftige Gruppen in der Gesellschaft einzusetzen. Dies kann die Unterstützung von Obdachlosen, die Betreuung von älteren Menschen, die Hilfe für Flüchtlinge oder die Zusammenarbeit mit gemeinnützigen Organisationen umfassen.

Die Heranwachsenden untersuchen die Auswirkungen von globalen Herausforderungen aus sozialen, ökonomischen, politischen und ökologischen Perspektiven. Sie diskutieren ethische und moralische Fragen, die das Zusammenleben in einer pluralistischen Gesellschaft betreffen, und analysieren Umweltprobleme wie Klimawandel, Umweltverschmutzung, Verlust der Biodiversität und Ressourcenerschöpfung sowie deren Auswirkungen auf die Lebensbedingungen von Menschen in unterschiedlichen Teilen der Welt. Die Jugendlichen werden argumentieren, dass die Menschheit immer wieder die selbstgesetzten Ziele verfehlt, sei es beim Klimaschutz oder der Armutsbekämpfung. Das ist richtig, aber dennoch werden diese Ziele mit großer Beharrlichkeit verfolgt und Erfolge zeigen sich nach und nach. Die Heranwachsenden haben also in ihrem Leben durchaus die Chance, an der Geschichte des Fortschritts mitzuschreiben.

5 Kulturelle Vielfalt und Interkulturalität

5.1 Untersuchung kultureller Traditionen

Allgemein gesprochen ist jede Betrachtung abhängig von der jeweiligen Perspektive, die der Betrachter oder die Betrachterin einnimmt. Ein anderer Blickwinkel, eine andere Distanz ergeben andere Eindrücke. In politisch-gesellschaftlichen Fragen bedeutet dies, dass man den eigenen Standort in Bezug zum Gegenstand setzen muss. Ein Wertesystem wie das der Anthroposophie mag dabei Sicherheit geben, aber absolut ist selbst diese nicht. Werte und Normen ändern sich, verlieren oder gewinnen an Bedeutung, manche entstehen neu und andere werden vergessen. Bis 1989 war der Marxismus-Leninismus bzw. der dialektische Materialismus in der DDR unwidersprochen das maßgebliche Ordnungsgefüge. Heute ist diese Ideologie so gut wie vergessen. Stattdessen beanspruchen identitätspolitische Positionen den Diskurs, die man vor einigen Jahren noch nicht kannte. Ein weiteres Problem ist die Art und Weise, wie wir Informationen aufnehmen. Der Soziologe Niklas Luhmann meint, dass die Reduktion von Komplexität die elementare Voraussetzung dafür sei, wie wir als Individuen und wie auch Gesellschaften lernen (Luhmann 2009; Luhmann 2018). Um zu Einschätzungen zu kommen, werden Informationen gefiltert und sortiert, bevor sie dann eingehender analysiert werden. Logischerweise fällt dabei vieles unter den Tisch und wird als abgeschattet nicht betrachtet.

Für eine Lehrkraft ist es hilfreich, sich mit den Tücken der Erkenntnistheorie vertraut zu machen, aber ein Expertentum ist nicht notwendig. Bedeutsam ist allerdings die Fähigkeit, die eigene Erkenntnisfähigkeit immer wieder infrage stellen und die Unschärfe von Urteilen zulassen zu können. Als Richtschnur und belastbare Grundlage helfen weiterhin die in einer hundertjährigen Tradition erprobten und bewährten pädagogischen Anregungen Rudolf Steiners. Neuere Kriterien wie Identitätspolitik, Critical Race Theory, Diversität, Postkoloniale Theorie und dekoloniale Perspektiven können in Bezug dazu diskutiert werden, aber sie ersetzen sie nicht. Genauso wenig haben es frühere politische oder gesellschaftliche Strömungen geschafft, die Fundamente des Waldorfsystems infrage zu stellen. Waldorfschulen sind in der Zeit und leben mit der Zeit, aber sie bewahren ihre Kernüberzeugungen.

Die Schulen betrachten die Vielfalt als Bereicherung und streben danach, ein Umfeld zu schaffen, das von Respekt, Offenheit und Toleranz geprägt ist. Interkulturelle Pädagogik bedeutet aber nicht, dass „der Einzelne seine Identität nur durch die Identifikation mit einer Kultur finden ‚kann'; vielmehr besitzt er die Möglichkeit, zwischen Kulturen zu navigieren und neue kulturelle Muster zu finden" (Adam & Schmelzer 2019, S. 41). Interkulturelle Pädagogik soll die Heranwachsenden befähigen, „die sozio-ökonomischen und kulturellen Bedingungen ihrer Herkunft zu reflektieren und ihren eigenen, ganz individuellen Lebenslauf zu realisieren" (Adam & Schmelzer 2019, S. 41). Diese werden im Unterricht durch verschiedene kulturelle Praktiken, Rituale, Feste und Zeremonien erfahrbar. Dabei lernen die Jugendlichen nicht nur die äußeren Merkmale dieser Traditionen kennen, sondern setzen sich auch mit ihrer historischen, sozialen und kulturellen Bedeutung auseinander. Sie erkunden die Werte, Überzeugungen und Weltanschauungen, die diesen Traditionen zugrunde liegen, und ihre Rolle im Leben der jeweiligen Gemeinschaften (vgl. Schmelzer 2019, S. 29 ff.). 80 Prozent der von Randoll und Peters befragten Absovent*innen von Waldorfschulen bestätigen, dass die Waldorfschule ihre Bereitschaft, Menschen aus anderen Kulturen kennenzulernen, bestärkt hat (Randoll & Peters 2022, S. 60). Auch in der Befragung der Absolvent*innen durch Weiss und Willmann geben 82 Prozent an, dass die Waldorfschule einen positiven Einfluss auf ihre Fähigkeit hatte, Fremden gegenüber offen zu sein (Weiss & Willmann 2021, S. 28).

Ein wichtiger Aspekt ist die Anerkennung und Wertschätzung der kulturellen Vielfalt in der Welt. Themen wie Rassismus, Diskriminierung und Vorurteile werden offen diskutiert und reflektiert, um ein Bewusstsein für soziale Ungerechtigkeiten zu schaffen. Es gibt in Deutschland einige interkulturellen Waldorfschulen, in denen dieser Aspekt zentral ist. Bereits im Jahre 2003 wurde die erste interkulturelle Waldorfschule in Mannheim gegründet, danach eine weitere in Berlin, und es gibt zurzeit eine Reihe von Gründungsinitiativen (Schmelzer 2019a, S. 38 f.). Interkulturelle Aktivitäten wie internationale Austauschprogramme, etwa über wal-di.com, kulturelle Veranstaltungen und Projekte fördern den direkten Kontakt zwischen Schülerinnen und Schülern unterschiedlicher kultureller Hintergründe und ermöglichen es ihnen, voneinander zu lernen. Bei der Befragung von Liebenwein, Barz und Randoll über das von Waldorfschulen selbstgesetzte Ziel der Friedenserziehung nennt eine Schülerin konkrete Aktionen: „Wir haben auch eine Patenschule in Namibia. Und eine in der 12. macht eine Jahresarbeit, die gründet eine Schule in Äthiopien. (Schülerin 10a)" (Liebenwein & Barz & Randoll 2012, S. 184). Die Sensibilisierung für soziale Vielfalt und Toleranz trägt zur Schaffung einer inklusiven Schulgemeinschaft bei, in der sich alle Mitglieder willkommen und akzeptiert fühlen (Schmelzer & Wellershoff-Schuur 2022, S. 90 ff.).

5.2 Sinn- und Existenzfragen

Religion ist ein zentraler Bestandteil der kulturellen Identität vieler Menschen und gibt individuelle und kollektive Sinnstiftung und Orientierung. Im Unterricht wird die Vielfalt religiöser Überzeugungen und Ausdrucksformen und die Rolle der Religion in verschiedenen Kulturen und Gesellschaften besprochen. Thematisiert werden die verschiedenen Wege, auf denen Menschen nach Sinn und Spiritualität suchen, und die Bedeutung von Religion für das individuelle und kollektive Leben. Dieser Ansatz wird von den Jugendlichen begrüßt. Über 90 Prozent der von Weiss und Willmann befragten Absolvent*innen von Waldorfschulen sagen aus, dass sie ihre Schule als offen gegenüber allen Weltreligionen erlebt haben (Weiss & Willmann 2021, S. 28). In der empirischen Untersuchung von Ebertz (2007, S. 139 f.) bezeugten knapp 75 Prozent der Befragten, dass sie in der Schule „mit verschiedenen Weltsichten vertraut gemacht wurden".

In aller Deutlichkeit soll betont werden, dass die Waldorfschule keine Weltanschauungs- oder Bekenntnisschule ist. Die Anthroposophie Rudolf Steiners ist kein Bestandteil des Unterrichtsstoffes: „Wir wollen keine anthroposophische Dogmatik lehren, Anthroposophie ist kein Lehrinhalt, aber wir streben hin auf praktische Handhabung der Anthroposophie. Wir wollen umsetzen dasjenige, was auf anthroposophischem Gebiet gewonnen werden kann, in wirkliche Unterrichtspraxis" (Steiner 2019a, S. 19). Angelika Wiehl nennt die Waldorfschule daher eine „Methodenschule" (Wiehl 2015, S. 68 ff.). Zwei Drittel der in empirischen Untersuchungen befragten Absolvent*innen von Waldorfschulen bestätigen, dass „die Anthroposophie Rudolf Steiners im alltäglichen Schulleben kaum eine Rolle gespielt hat". 85 Prozent der Befragten würden wieder auf eine Waldorfschule gehen, und doch distanziert sich fast jeder zweite, der Waldorfpädagogik befürwortet, von der Anthroposophie (Ebertz 2007, S. 137 ff.).

Die Schülerinnen und Schüler können zwischen konfessionellem und freiem Religionsunterricht wählen, einige Waldorfschulen bieten Unterricht der Christengemeinschaft oder in der Oberstufe das Fach Ethik an (Steiner 2019, S. 96 ff.). Schmelzer und Wellershoff-Schuur (2022) sammeln zahlreiche Beispiele für Sinnsuchen von Jugendlichen, werten sie aus und kommen zu dem Schluss, dass die Beschäftigung mit der eigenen Spiritualität für die Heranwachsenden von großer Bedeutung sei (ebd., S. 85, S. 90 ff.). Die Betrachtung verschiedener religiöser Praktiken und Glaubenssysteme bietet den Jugendlichen die Möglichkeit, ihre Spiritualität und ihre eigenen religiösen Überzeugungen und Fragen zu reflektieren. Die von Ebertz durchgeführten empirischen Untersuchungen unter Absolvent*innen von Waldorfschulen ergaben, dass für viele Jugendliche dieses Vorgehen Früchte trägt:

> „Ihre a- oder auch antiinstitutionelle Religiosität und Weltsicht hält die Befragten nicht nur offen für den universalen ‚Pol' des Religiösen, sondern auch für eine multireferentielle Collage ihrer eigenen Lebenssinnstiftung, wozu ihnen die Waldorfschule auch ‚seelischen Reichtum' vermittelt. Dazu gehört wohl auch, dass verschiedene, scheinbar inkompatible und unorthodoxe Kombinationsmöglichkeiten von Kosmologie und Existenzdeutung möglich und gewählt werden" (Ebertz 2007, S. 159).

Wir in den Waldorfschulen sind in gewisser Weise privilegiert gegenüber Schulen des klassischen Systems, da Schüler- und Elternschaft trotz aller Unterschiede relativ homogen ist. Die Studie von Koolmann, Petersen und Ehrler (2018) hat gezeigt, dass die Einkommenssituation der Eltern an Waldorfschulen, verglichen mit dem Bundesdurchschnitt, nach Angaben des Statistischen Bundesamtes zwar nicht auffällig anders ist, sie hingegen überdurchschnittlich gut ausgebildet sind und sich häufiger ehrenamtlich engagieren als der Bundesdurchschnitt. Das führt die Autoren der Studie zu der Vermutung, dass den Eltern sie erfüllende berufliche und sinnstiftende Tätigkeiten wichtiger als ein hohes Einkommen seien. Zudem funktionieren die Schulen nicht als hierarchisches System, sondern organisieren sich kollektiv. Dies hilft generell bei Integration und Inklusion und schafft dabei auch Raum für die Akzeptanz anderer Glaubensrichtungen.

5.3 Erkundung kultureller Konflikte und deren Bewältigung

Waldorfschulen leiten dazu an, ein respektvolles und sensibles Verständnis für Ursachen, Dynamiken und Auswirkungen kultureller Konflikte zu entwickeln. Die Lehrkraft thematisiert die verschiedenen Formen von Konflikten zwischen kulturellen Gruppen und Gemeinschaften, sei es aufgrund von Unterschieden in Religion, Ethnizität, Sprache, Traditionen oder Lebensweise. Im Unterricht werden die historischen, sozialen und politischen Hintergründe dieser Konflikte und ihre Auswirkungen auf die betroffenen Gemeinschaften und die Gesellschaft als Ganzes analysiert. Die Heranwachsenden lernen erfolgreiche Beispiele für interkulturelle Zusammenarbeit in verschiedenen Kontexten, wie Bildung, Wirtschaft, Politik und humanitäre Hilfe, und Formen der Konfliktlösung, wie Dialog, Versöhnung und interkulturelle Bildung, kennen. Dazu zählt auch die Kenntnis der verschiedenen kulturellen Codes, Normen und Werte, welche die Art und Weise, wie Menschen kommunizieren und miteinander interagieren, beeinflussen.

Bei der Diskussion politischer und bzw. oder gesellschaftlicher Themen hat es sich als hilfreich erwiesen, die Ebene der Analyse von der der Handlungsoptionen zu unterscheiden. In Gesprächen mit anderen gelingt das selten. Wenn die Leute politisieren, gehen Beobachtungen und die dazu passenden Maßnahmen Hand in Hand. Jeder kennt das aus seinem persönlichen Umkreis. Es wird verallgemeinert, verkürzt, behauptet, bestritten, gefordert, das Sachliche wird mit dem Persönlichen vermischt, das Fachliche mit dem Emotionalen. Das Gespräch springt von einem Punkt zum nächsten, ohne sich groß um eine Einordnung à la These, Antithese, Synthese zu kümmern. Der Schulunterricht versucht natürlich nicht, einen Stammtisch nachzubilden, sondern orientiert sich an dem akademischen Diskursmodell. Trotzdem hat ein Unterrichtsgespräch, das jeder Schülerin und jedem Schüler den Freiraum gibt, ihre und seine Gedanken einzubringen, auch seinen Reiz, weil es niemanden ausschließt und jede Meinung achtet, auch dann, wenn sie vielleicht etwas wirr sind. Für die Lehrkraft besteht die Aufgabe darin, eine muntere und mäandernde Diskussion irgendwann zu kanalisieren. Im Unterricht ist dabei der Diagnose von Problemlagen der Vorzug zu geben. Die sich natürlicherseits daraus ergebenden Lösungsansätze sind zu berücksichtigen, können aber in der Regel nicht oder nur unbefriedigend beantwortet werden. Insbesondere für junge Menschen, aber nicht nur für diese, ist das schwer zu verstehen, aber mit diesem Defizit müssen sie lernen zu leben.

Gerade bei gesellschaftlichen Konflikten, die ihren Ursprung meistens in kulturellen Unterschieden und wirtschaftlicher Konkurrenz haben, ist es wichtig, deren Ursachen in der Tiefe zu verstehen, um zu praxistauglichen, differenzierten Lösungen zu kommen. Dabei können auch unterschiedliche Lösungswege diskutiert werden.

Um sich einen Eindruck von der Komplexität zu verschaffen, sei beispielhaft das Thema Migration und Integration genannt. Hier sind verschiedene Ansätze denkbar, vom bloßen Nebeneinander bis zur vollständigen Assimilation. In Deutschland spielen Konzepte wie Integration und Multikulturalität eine diskursbestimmende Rolle, in denen von Zugewanderten und Einheimischen erwartet wird, dass sie sich aufeinander zubewegen (Bertelsmann Stiftung 2010). Je nach politischem Standort werden die Erwartungen an Inländer*innen und Zugewanderte unterschiedlich und kontrovers formuliert. Die Anpassungsprozesse sind nicht leicht und sie brauchen ihre Zeit. Überforderungen können in beiden Gruppen zu Gegenreaktionen führen. Die Diskussion über ein Zuviel oder Zuwenig von Integration ist seit Jahren für die Entwicklung des Meinungsklimas bestimmend (Henkes 2011). Vergleichbares lässt sich bei anderen gesellschaftlichen Themenfeldern beobachten, wie die Veröffentlichungen von Saar (2023) und des Instituts für Diversity- und Antidiskriminierungsforschung (2024) zu LGBT+ oder der NaDiRa-Bericht (2023) zu Rassismus erkennen lassen. Das Aufeinanderzugehen erfordert von allen permanente Anpassungen und damit ein Infragestellen bekannter tradierter Muster. Berücksichtigt man dabei, dass die eingeübten Traditionen auch von den gesellschaftlichen Kräften innerhalb der Mehrheitsgesellschaft hinterfragt und neu kodiert werden, lässt sich erahnen, dass ein Leben in Deutschland seinen Bürgern keine mentale Bequemlichkeit schenkt.

Für die Lehrenden ist es entscheidend, die Schüler*innen einerseits darin zu bestärken, nach Verständnis und Lösungen zu suchen und sie gleichfalls darauf vorzubereiten, dass diese Suche nie endet. Dazu kommt, dass der Fortschrittsglaube in jüngster Zeit Rückschläge verkraften muss. Das Versprechen, dass es der kommenden Generation besser gehen wird als der jetzigen, lässt sich aus vielen Gründen nicht mehr aufrechterhalten (Werkmann & Frieß 2023). Kriege, Krisen und Klima sind keine fernen Geschehnisse, sondern greifen unmittelbar in das Leben jedes Einzelnen ein. Nach dem Zusammenbruch der regelbasierten internationalen Ordnung im Zuge des russischen Angriffskriegs auf die Ukraine oder des Terrorangriffs der Hamas und Israels Reaktionen in Gaza ist das Vertrauen auf Stabilität und Frieden brüchig geworden. Der Glaube an Toleranz und das friedliche Aushandeln von Konflikten sieht sich (Stand 2024) kriegerischen Realitäten gegenüber. Diese Entwicklungen sind insbesondere für jungen Menschen bedrohlich (Shell Studie 2024). Das Versprechen von Frieden, Freiheit und Fortschritt, dass seit dem Fall der Mauer Gültigkeit hatte, weicht langsam einer neuen, grimmigen Wirklichkeit. Für die Lehrerinnen und Lehrer stellt sich die Aufgabe, mit den Schüler*innen zu diskutieren, wie man in einem unsicher werdenden Umfeld Werte bewahren und fortschreiben kann.

Die Akteure in den Disputen dieser Zeit wirken nicht immer konstruktiv. Radikalisierungen verschaffen bestimmten Gruppen einen Vorteil in der Aufmerksamkeitsökonomie, sind aber gesellschaftlich schädlich. Moralische Vorwürfe werden bereits auf niedriger Schwelle artikuliert, etwa mit Begriffen wie Homophobie, Transphobie, Islamophobie oder Rassismus, was für das Aushandeln von Konflikten alles andere als förderlich ist. Es wurde bereits gesagt und man kann es nur immer wieder betonen: Die Waldorf-Jugendpädagogik schafft für Lehrende und Lernende einen Bezugsrahmen, um den Horizont zu öffnen, Diskussionen zu ermöglichen, Gedanken reifen zu lassen und Lösungsansätze zu formulieren. Waldorfschulen bilden eine Ruhezone, in der realistische und idealistische Gedanken formuliert und entwickelt werden können. Die Lehrerschaft ist in Fächern, in denen die o. g. Fragen angesprochen werden, um eine unaufgeregte Gesprächsatmosphäre bemüht.

Das Bewusstsein für kulturelle Vielfalt und Diversität trägt dazu bei, dass die Heranwachsenden globale Zusammenhänge besser verstehen und sich als Teil einer vielfältigen und interkulturellen Weltgemeinschaft sehen. Sie werden sich der eigenen kulturellen Perspektive bewusst und erfahren, wie sie effektiv mit Menschen aus verschiedenen kulturellen Hintergründen kommunizieren und zusammenarbeiten können.

6 Vertiefung in verschiedenen künstlerischen Ausdrucksformen

6.1 „Erziehungskunst"

Für Friedrich Schiller bedeutete Spiel ein Handeln frei von Notwendigkeit und Pflicht und mehr noch, das Genießen der Befreiung von Notwendigkeiten. In einer auf Effizienz und Konkurrenz gepolten Gesellschaft wirken solche Gedanken wie eine Provokation. Aber sie scheinen einem Grundbedürfnis zu entsprechen, das durch die kapitalistische Arbeitswelt zeitweilig in Vergessenheit geraten ist. Die Generation Z entdeckt die Vorteile einer entschleunigten und selbstbestimmten Lebensweise wieder. Man spricht viel von der Work-Life-Balance und verhandelt mit seinem Arbeitgeber über Homeoffice und Viertage-Woche (Kring & Hurrelmann 2019; Shell Studie 2024). Pikanterweise ist es ein kapitalistisches Prinzip, dass diese ‚Befreiung von Notwendigkeiten' möglich macht, nämlich das Prinzip von Angebot und Nachfrage. Die jungen Leute können es sich leisten, weil sie so wenige sind und ihr Wert entsprechend hoch ist. Das Schillerwort „Der Mensch spielt nur, wo er in voller Bedeutung des Worts Mensch ist, und er ist nur da ganz Mensch, wo er spielt" (Friedrich Schiller, Über die ästhetische Erziehung des Menschen, 1795, S. 88) ist an den Waldorfschulen allerdings nie vergessen worden.

Rudolf Steiner hat die Waldorfpädagogik als „Erziehungskunst" bezeichnet (Steiner 2007, S. 76). Jeder Mensch besitzt Einbildungskraft und Imagination. Der Unterricht trägt dem Rechnung und „muss kreativ sein, schöpferisch, erfindungsreich, phantasievoll, geistesgegenwärtig und begeistert, voller Elan. Unterrichten ist Handlung, Vollzug einer Gestaltungsaufgabe" (Bunge 2019, S. 120). Steiner führt aus: „Wir müssen den ganzen Unterricht durchdringen mit einem künstlerischen Element ... Das Erziehen und Unterrichten muss zu einer wirklichen Kunst werden" (Steiner 2019c, S. 21 f.). Die Schüler*innen erleben einen Unterricht, der nach ihren Bedürfnissen gestaltet ist. Die Waldorf-Lehrkräfte bestehen nicht auf einem exakt vorausplanten, starren Ablauf einer Stunde, sondern gehen auf Anregungen und Fragen der Schüler*innen ein und beziehen diese in den Unterricht mit ein. Steiner weist der Beschäftigung mit Kunst eine hohe Bedeutung zu:

> „Dadurch, dass der Mensch sich Kunstverständnis erringt, wird er auch dem Menschen selbst, seinem Nebenmenschen, seinem Mitmenschen in einer ganz anderen Weise gegenüberstehen, als wenn ihm dieses Kunstverständnis fehlt. Denn was ist das Wesentliche im Weltverständnis? Daß wir die abstrakten Begriffe im rechten Moment verlassen können, um Einsicht, Verständnis für die Welt gewinnen zu können" (Steiner 1986, S. 223).

Die Waldorfschulen tragen dem Rechnung und messen dem Kunstunterricht eine große Bedeutung zu. Er findet in handwerklich-künstlerischen Fachstunden und Epochen statt. Außerdem besuchen die Schüler*innen in der 9. Klasse eine Kunstbetrachtungs-Epoche und in der 12. Klasse eine Architektur-Epoche. An manchen Schulen gibt es in jeder Oberstufenklasse eine Kunstbetrachtungs-Epoche, andere bieten in der 10. Klasse eine Poetik-Epoche und in der 11. Klasse eine Musikgeschichts-Epoche an. Oftmals schließt eine Kunstreise die Waldorfschulzeit nach der 12. Klasse ab.

In der empirischen Untersuchung von Liebenwein, Barz und Randoll (2012, S. 231 ff.) haben 87,4 Prozent der Schüler*innen angegeben, Kunst, Musik, Theater und Tanz seien an ihrer Schule wichtig. Von den Schüler*innen der 9. und 10. Klasse sind 66,7 Prozent mit dem Angebot von Kunst und Musik, das die Schule macht, zufrieden, von den Schüler*innen der Klassen 11 bis 13 sogar 71,2 Prozent. Allerdings gibt es auch kritische Äußerungen: Hutzel zitiert eine Schülerin mit der Aussage: „Mein Ziel ist: Geld verdienen und zwar viel! Dazu brauche ich gute Noten und zwar in den Prüfungsfächern! Also, warum machen wir hier Musik?" (Hutzel 2012). Hierin äußert sich die Einstellung, dass die kognitiven Fächer, die für die staatlichen Abschlussprüfungen wichtig sind, einen höheren Stellenwert haben als die künstlerischen Fächer. In den ersten acht Jahren der Waldorfschulzeit durchdringen und verbinden sich die Fächer, in der Oberstufe stehen Mathematik und Deutsch in Konkurrenz zu Musik und Kunst. Manche Schüler*innen stellen keine Verbindung zwischen diesen beiden Bereichen mehr her.

Stoltz und Wiehl (2021) haben viele Ansätze zur Kreativität auf Basis der internationalen Kreativitätsforschung zusammengestellt und deutlich gemacht, dass eine Bildung und Erziehung, die die Kreativität der Schüler*innen mitberücksichtigt, für ein selbstbestimmtes Leben grundlegend ist. In neuerster Zeit hat die Hirnforschung Anstrengungen unternommen, um zu erklären, wie Kreativität entsteht (Lamm 2024). Die Bewusstseinsforschung erweitert dieses Gebiet und erforscht Erkenntnisprozesse und das Zusammenwirken von Gehirn und Bewusstsein (Wagemann 2024). Die Gehirnforschung kann mit ihren Methoden zeigen, dass ein ganzheitliches Ansprechen des Gehirns zu dessen Leistungsfähigkeit beiträgt. Für die Waldorfpädagogik ist diese Erkenntnis nicht überraschend.

Die künstlerischen Fächer sind nicht als Entlastung für die sogenannten Hauptfächer angelegt, sondern haben ihren eigenen Gewinn. Hier erlernen die Schüler*innen besondere Kompetenzen des Denkens, Fühlens und Wollens, die in anderen Fächern nicht oder jedenfalls nicht in diesem Maße praktiziert werden können. Der künstlerische Gedanke war von alters her der zentrale Gedanke einer jeglichen Bildung, sei es in der Antike, sei es im humboldtschen Bildungsideal und auch in der Waldorfpädagogik. Es gehört zu den großen Missverständnissen einer vermeintlich modernen Bildungsidee, künstlerische Fächer als Beiwerk anzusehen und das Schwergewicht in die vermeintlich praxis- bzw. berufsorientierten Fächer zu legen. Ein solcher Ansatz kommt im Ergebnis langfristig weder den Bedürfnissen der jungen Menschen noch der Arbeitswelt entgegen. Gerade solche Qualitäten wie intrinsische Motivation, Empathie, Einfühlungsvermögen und Emotionalität sind ohne Erfahrungen, wie sie eine künstlerische Ausbildung vermittelt, einfach nicht vorstellbar.

6.2 Musik an der Waldorfschule

Ein Erfahrungsbericht von Iru Mun (2022) ergab, dass zahlreiche Jugendliche in der Oberstufe der Regelschulen den Eindruck vermittelt bekamen, sie seien unmusikalisch oder könnten nicht singen. Um dem entgegenzuwirken, sieht Mun die Aufgabe der Musiklehrer*innen darin, im Sinne des Selbsterziehungsaspekts ein neues Beziehungsverhältnis zwischen den Jugendlichen und ihren bisherigen musikalischen Biografieerfahrungen zu gestalten (Mun 2022, S. 148). Sie sollten den Unterricht nicht nach ihren eigenen Erwartungen und Vorstellungen konzipieren, sondern gemäß der Entwicklungsbedürfnisse der Jugendlichen, und deren Vorerfahrungen Raum gewähren. So erwecken sie bei den Jugendlichen ein Gefühl dafür, dass jede und jeder Musikalität besitzt und jede und jeder ihr oder sein Potenzial weiterentwickeln kann. Dies wird durch praktische und kreative Übungen im Lesen und Schreiben von Noten, Verwenden von Harmonien, Komponieren von Melodien und Erstellen von Arrangements gefördert.

Das negative Bild, das sich manche Oberstufenschüler*innen von ihren musikalischen Fähigkeiten machen, steht in einem krassen Kontrast zur Präsenz der Musik in öffentlichen wie privaten Räumen. Was es jedoch in Deutschland kaum noch gibt, sind musikalische Traditionen über die Generationen hinweg. Hausmusik war einmal in bürgerlichen Haushalten vollkommen normal. Auf Festen, in Gemeinschaften und unter dem Tannenbaum wurde gemeinsam gesungen. Doch wer könnte heute noch „Am Brunnen vor dem Tore“ singen? Lieder wie „Die Wacht am Rhein“ oder „Heil dir im Siegerkranz“ sind vielleicht aus gutem Grund aus dem kollektiven Gedächtnis verschwunden, aber „Die Gedanken sind frei“ oder „Bella ciao“ können ebenfalls niemanden mehr zum Mitsingen animieren. Vielleicht ist es so, dass diejenigen, die Musik ausschließlich konsumieren, meinen, sie selbst nicht produzieren zu können. Vielleicht verlieren das Singen und Musizieren an Attraktivität, wenn es nicht durch Ältere vorgelebt wird. Vielleicht muss man erst einen Rahmen konstruieren, etwa einen Chor, eine Kapelle, eine Band, um Mitmachende zu gewinnen. Wenn dies gelingt, dann sind die jungen Menschen gern dabei.

Musikunterricht findet in wöchentlichen Fachstunden und in einer Musik-Epoche in der 11. Klasse statt. An vielen Waldorschulen gibt es einem Oberstufenchor und ein oder mehrere Oberstufenorchester, an denen die Jugendlichen nach ihrer Neigung teilnehmen können. Das Singen spielt nicht nur in den Chören, sondern auch in den Fachstunden eine wichtige Rolle. Iru Mun hebt die Bedeutung des gemeinsamen Singens und Musizierens hervor:

> „Es geht beim gemeinsamen Singen und Musizieren in erster Linie um eine lebendige Atmosphäre, die geprägt ist von gegenseitiger Wertschätzung und Achtsamkeit, von Toleranz dem anderen gegenüber und von der der erlebten Erfahrung, dass man sich in einem geschützten Raum befindet, der frei von Verurteilungen und Demütigungen – so subtil und gut sie auch gemeint sein mögen – gehalten und gestaltet wird, damit der musizierende Mensch sich öffnen kann“ (Mun 2022, S. 152).

Man nimmt der Musik und dem Singen viel von einer gewissen Künstlichkeit, wenn man die Barriere zwischen Vortragenden und Publikum überwindet. Aktionen, bei denen es gelingt, alle Anwesenden zum Mitmachen zu gewinnen, können etwas Beseelendes haben. Allerdings kann eine grobe Animation auch den gegenteiligen Effekt haben. Aber schon simple Aktionen wie Mitklatschen, das Singen des Refrains oder das Intonieren eines Kanons können helfen, Hemmschwellen zu überwinden. Wenn die Waldorfschule ein Fest, eine Monatsfeier oder einen Bühnenabend organisiert, kann ein Chorleiter oder Theatermacher bzw. eine Chorleiterin oder Theatermacherin die Schüler*innen dazu anleiten. Das Publikum wird es danken, vor allem aber die Schüler*innen, die sich dann in der Gesellschaft aller angenommen fühlen.

6.3 Theater spielen an der Waldorfschule

Was Schiller (siehe Kap. 6.1) über das Spiel sagt, gilt in besonderer Weise für das Schauspiel. Die Grundlagen unseres Verständnisses von Theater wurden im antiken Griechenland gelegt, aber alle Kulturen kennen auf die eine oder andere Weise theatralische Darstellungen. Obwohl Deutschland etwa seit dem Barock über eine reichhaltige Theaterlandschaft verfügte und deshalb bis heute auch in kleineren Städten Spielstätten existieren, ist die Wirkmacht des Theaters beständig gesunken. Wenn es um die Diskurse unserer Zeit geht, sind Talkshows und Soziale Medien tonangebend, nicht die Bühne. Als Mittel der Bildung spielt das Spielen im Unterricht der Waldorfschulen aber weiterhin eine zentrale Rolle. Die Schüler*innen lernen, sich auf Narrative außerhalb ihres gewohnten Umfelds einzulassen, sie erfahren sich fremden Rollen, sie präsentieren sich auf der Bühne oder sie nehmen im Publikum mittels aktiver Beobachtung teil am Bühnengeschehen. „Vorgänge und Personen des Alltags, der unmittelbaren Umgebung haben für uns etwas Natürliches, weil Gewohntes. Ihre Verfremdung dient dazu, sie uns auffällig zu machen“ (Brecht 1963, S. 163). Für Bert Brecht hatte das Theater nicht nur eine politische Aufgabe, sondern auch die Chance, Politik zu beeinflussen. Auch wenn dem nicht mehr so ist, liegen in der Schauspielkunst große Potenziale für jeden

Menschen, der sie erlernt. Wir alle spielen in unserem Leben Rollen und nicht jede passt zu unseren Bedürfnissen. Aber mittels einer angepassten Kommunikation können wir Probleme besser managen. Darüber hinaus öffnet das Theaterspiel in praktischer Weise den Horizont für Denk- und Handlungsweisen.

Aufführungen sind auf allen Ebenen in den Alltag der Waldorfschulen integriert: Klassenintern wird täglich zu Beginn des Unterrichts der Morgenspruch chorisch gesprochen. In allen Klassenstufen halten die Schüler*innen vor ihren Mitschüler*innen Referate und Präsentationen. Aufführungen vor der Schulgemeinschaft finden sowohl klassenintern als auch klassenübergreifend bei den Monatsfeiern statt. Die Oberstufenschüler*innen stellen vor der Schulöffentlichkeit die Ergebnisse von Projektwochen und ihre Erfahrungen in den Praktika dar. Auf Schulfeiern treten der Oberstufenchor und das Oberstufenorchester von der Schulöffentlichkeit auf (Veicht 2022, S. 158 f.). Besondere Bedeutung haben die Aufführung des Theaterstücks in der 8. und in der 12. Klasse und der künstlerische Abschluss am Ende der Waldorfschulzeit.

Bereits am Ende der Mittelstufe und der Klassenlehrer*innenzeit haben die Jugendlichen ein Theaterstück inszeniert. Im Achtklass-Spiel haben sie, unterstützt und angeleitet von ihrem Lehrer oder ihrer Lehrerin, Rollen interpretiert, Bühnenbilder entworfen und Aufführungen geplant und durchgeführt.

In der Oberstufe entwickeln sie, eigenverantwortlicher und selbstständiger, ihre eigene Inszenierung des Zwölftklass-Spiels. Der Prozess beginnt mit der Auswahl eines Theaterstücks, der Besetzung der Rollen und der Konzeption und Realisierung der Kulisse. Regelmäßige Proben, der Entwurf und die Anfertigung der Kostüme und die Organisation der mit einer Aufführung verbundenen praktischen Fragen führen letztlich zu den Aufführungen. Das Projekt wird von den Lehrkräften zwar begleitet, die Umsetzung gestalten die Jugendlichen möglichst selbst.

Es erfordert eine gewisse Überwindung, sich auf der Bühne vor der Schulgemeinschaft, die ein paar Hundert Menschen umfassen kann, oder der Öffentlichkeit zu zeigen. Die Jugendlichen üben Körperausdruck, Tanz, Stimmbildung, Improvisation, Rolleninterpretation und Bühnenpräsenz, und entwickeln ein Bewusstsein für die Möglichkeiten und Grenzen ihres körperlichen und stimmlichen Ausdrucks. Veicht (2022, S. 160) betont: „Alle drei Ebenen der Identitätsentwicklung, die Körper-Identität, die Soziale Identität und die Persönliche Identität können damit angesprochen werden“. Nicht nur künstlerische Gestaltung, Selbsterfahrung und Selbsterkenntnis, sondern auch soziale Kompetenzen wie Kommunikation, Zusammenarbeit, Krisenbewältigung, Projektmanagement und Verantwortung werden gefördert.

Die empirischen Untersuchungen von Liebenwein, Barz und Randoll (2012, S. 68) zeigen, dass die Schüler*innen die Klassenspiele durchweg positiv bewerten. An der Schwelle zum Erwachsenwerden ermöglicht die Aufführung, Konventionen und äußere Ansprüche zugunsten Imagination, Phantasie, Provokation und innerer Freiheit wegzuschieben, in eine neue Rolle zu schlüpfen und damit die Frage „Wer will ich sein" (Veicht 2022, S. 162) zu bewegen.

Fächerübergreifend sind Musik, Handarbeit, Werken, Eurythmie und Kunst am Zustandekommen der Aufführungen beteiligt. Auch der Deutsch- und Fremdsprachenunterricht ist in den Prozess mit eingebunden: Hier werden dramaturgische Konzepte und Theorien, wie z. B. Handlungsaufbau, Charakterentwicklung, Konfliktaufbau, Spannungsbogen und Erzählstrukturen besprochen, Theaterstücke und Drehbücher verschiedener Genres und Epochen analysiert und deren Struktur, Themen und Motive untersucht.

6.4 Tanz an der Waldorfschule

Junge Menschen, die an Waldorfschulen lernen oder dort ihre Schulbildung absolviert haben, sehen sich gelegentlich dem Spott ausgesetzt: Sie seien doch diejenigen, die ihren Namen tanzen können. Im Subtext bedeutet das, dass die Schüler*innen außer einer als weltfremd angesehenen Fertigkeit wohl sonst nichts können. Der Umgang mit Unverständnis, Schmähkritik und Vorurteilen ist, bei Licht betrachtet, ein geringer Preis gegenüber einer Schulzeit im Waldorfsystem. In der Praxis lösen sich solche Vorbehalte schnell in Luft auf.

Schwerer wirkt hingegen die immer wieder vorgebrachte Kritik an den pädagogischen Anregungen von Rudolf Steiner und seiner Person. Diese sind gegenüber Kritikern nicht leicht zu widerlegen, da sich die Erkenntnisse Steiners auf Einsichten aus der anthroposophischen Geisteswissenschaft beziehen. Das nimmt seinen Aussagen allerdings nichts von ihrer Wirksamkeit. Der Rückgriff auf einen ideellen Überbau gilt den meisten Menschen als normal, wenn es um Themen wie Kapitalismus, Religion oder Menschenrechte geht. Entscheidend für die Orientierung ist im Alltag ohnehin nicht die Theorie, sondern die Praxis. Die Besonderheiten seiner Aussagen mögen manchen Außenstehenden als esoterisch oder exotisch vorkommen, deren Ableitungen jedoch, sei es die Waldorfpädagogik oder seien es anthroposophische Lebensmittel, finden auch in einer kritischen Öffentlichkeit Akzeptanz. Die Vermittlung handwerklicher und künstlerischer Beschäftigungen ließe sich auch ohne den Rückgriff auf Steiner plausibel begründen. Im Unterschied zu staatlichen Schulen werden diese Tätigkeiten jedoch nicht als Beiwerk gesehen, sondern gehören im Sinne des ganzheitlichen Bildungsansatzes unbedingt zum Curriculum. Die Fähigkeit, seinen Namen tanzen zu können, ist tatsächlich nur eine Chiffre für die Fähigkeit, sich mit den kreativen Ausdrucksformen seines Körpers beschäftigen zu können.

Ein Charakteristikum von Waldorfschulen ist die Eurythmie und an manchen Schulen auch die Bothmer-Gymnastik (Rehberg 2021). Ursprünglich von Rudolf Steiner entwickelt, kombiniert Eurythmie Musik, Sprache und Bewegung zu einer harmonischen Einheit. Klänge, Worte, Empfindungen und Gedanken werden durch sinnvolle Bewegungen ausgedrückt, wodurch eine lebendige Verbindung zwischen Körper, Geist und Seele entsteht. Eurythmie fördert nicht nur die körperliche Koordination und Ausdrucksfähigkeit, sondern auch die künstlerische Sensibilität und das ästhetische Empfinden (Langenscheid 2018). Rudolf Steiner erklärt:

> „Dasjenige, was vor allen Dingen für den Eurythmiker auf jedem Gebiete notwendig ist, das ist, daß er in der eurythmischen Kunst, in der eurythmischen Betätigung mit seiner Persönlichkeit, mit seinem Menschentum leben kann, so daß Eurythmie ein Ausdruck des Lebens wird. Das kann man nicht erreichen, ohne daß man eindringt in den Geist der Eurythmie als einer sichtbaren Sprache" (Steiner 2019b, S. 1).

Darüber hinaus vermittelt die Lehrkraft auch die Kunst der Choreografie und die Gestaltung von Tanzbewegungen und -sequenzen. Die Heranwachsenden entwickeln und inszenieren eigene choreografische Ideen und Tanzstücke. Die empirische Untersuchung unter Schüler*innen von Liebenwein, Barz und Randoll (2012, S. 243 ff.) hat ein ambivalentes Verhältnis zur Eurythmie gezeigt. Die Schüler*innen vermerkten positiv, dass Eurythmie als Ausgleich und Entspannung diene, Körperbewusstsein, Raumempfinden, Koordination vermittle und positiv auf die soziale Gemeinschaft wirke. Negativ wurde die bei der Eurythmie verwendete Musik genannt und die bunten „Eurythmie-Kittel", die die Schüler*innen während des Unterrichts tragen müssen, das Fach wurde auch als lächerlich oder abgehoben bezeichnet. Den Schüler*innen ist dabei bewusst, dass die Eurythmie ein Alleinstellungsmerkmal der Waldorfschulen ist: „Oh je, das ist etwas, was nicht jede Schule macht, eigentlich kaum eine, nur die Waldorfschule / Es gehört zur Waldorfschule dazu".

Die wallenden Gewänder dienen dem Zweck, das Fließende der Bewegungen zu unterstützen. Doch vielfach entsprechen sie nicht unbedingt dem modischen Empfinden der Jugendlichen. Allerdings ändern sich Moden und damit auch das ästhetische Empfinden. Im Unterricht ist es wichtig, über die Herkunft und Bedeutung der Eurythmie-Kleider zu sprechen, wie es überhaupt wichtig ist, die Schüler*innen von dem Wert eines jeden Unterrichts zu überzeugen. Schließlich will man, dass die jungen Menschen mit ihrem ganzen Wesen mitmachen und nicht einfach nur den Anforderungen der Lehrkraft folgen. Die Eurythmie ist wahrscheinlich das weithin sichtbarste Element der Waldorfpädagogik und somit ihr USP (*unique selling point*). In der Kommunikation intern wie extern ist es hilfreich, den Nutzen des tänzerischen Ausdrucks als besondere Stärke des Lernens an einer Waldorfschule hervorzuheben.

6.5 Malerei und kreative Handwerkskunst an der Waldorfschule

Kreativität wird in den Waldorfschulen durch kreative Vorbilder und kreatives Arbeiten gefördert. Die Entwicklung des kreativen Talents darf nicht mit Kreativitätstechniken wie Brainstorming oder Mind-Mapping verwechselt werden, wie sie im Wirtschaftsleben vielfach genutzt werden. Zum einen fehlt solchen Methoden vollständig das handwerkliche Element, zum anderen ist deren Ziel nicht die Persönlichkeitsentwicklung, sondern das Entwickeln von Produkten und Prozessen. Wie bereits in den vorigen Abschnitten beschrieben wurde, umfasst der ganzheitliche Ansatz Geist und Körper, Spiel und Konstruktion, Handeln und Kontemplation, Individuum und Gruppe. All diese nur scheinbaren Gegensätze sind tatsächlich aufeinander aufbauende Komponenten. Wir alle kennen Situationen, in denen man eine Gestaltungsidee entwickelt, indem man eine erste Skizze zunächst auf ein Stück Papier kritzelt, während des Zeichnens die Gedanken kommen und nach und nach ein Entwurf entsteht. Kreative Vorbilder können kreative Prozesse unterstützen, denn auch zum Nachahmen und Kombinieren von Vorgefundenem braucht es Kreativität und natürlich die Fähigkeit, Qualität zu erkennen. Die Beschäftigung mit Stift und Farbe begleitet die Waldorfschüler*innen von der ersten Klasse an. Das Zeichnen oder auch nur das Ausmalen macht ihnen so viel Freude, dass sie sich vollständig darin vertiefen können. Für die Lehrkraft hat das den schönen Nebeneffekt, dass die Klasse ruhig ist. Wenn also in Vertretungsstunden der unteren Klassen ein Lehrer oder eine Lehrerin den Schülern und Schülerinnen vielleicht eine Geschichte vorliest und sie dabei malen lässt, ist dies mehr als der Versuch, den Schulalltag zu managen, sondern trainiert die kreativen Anlagen der Kinder. Im Unterricht der Oberstufe kann damit auf einen Erfahrungsschatz aufgebaut werden.

Die Schülerinnen und Schüler lernen im Kunstunterricht eine Vielzahl von Maltechniken kennen, darunter Aquarellmalerei, Ölmalerei, Acrylmalerei und Mischtechniken. Sie experimentieren mit verschiedenen Materialien, Werkzeugen und Techniken. Darüber hinaus setzen sie sich mit verschiedenen Stilen und Kunstbewegungen auseinander, von der klassischen Malerei bis hin zu modernen und zeitgenössischen Strömungen. Sie erforschen die Werke bekannter Künstlerinnen und Künstler sowie bedeutender Kunstbewegungen wie Renaissance, Barock, Impressionismus, Expressionismus und Surrealismus. Dabei analysieren sie die charakteristischen Merkmale, Themen und Techniken jeder Epoche und reflektieren über deren Einfluss auf die Entwicklung der Kunstgeschichte.

Die handwerklichen Fächer umfassen Bereiche von traditionellen Handwerkskünsten bis hin zu modernen Techniken. Ein handwerkliches Fach ist zum Beispiel die Holzbearbeitung. Die Jugendlichen lernen hier grundlegende handwerkliche Fähigkeiten wie Messen, Schneiden, Hobeln und Zusammenfügen von Holz, entwerfen individuelle Projekte und setzen sie um, sei es die Herstellung von Möbeln, Skulpturen oder anderen Holzobjekten. Ein anderes Handwerk ist das Plastizieren, bei dem sie die Möglichkeit erhalten, mit Ton zu arbeiten und verschiedene Techniken des Formens und Glasierens zu erlernen. Des Weiteren werden handwerkliche Fächer wie Weben, Schmieden, Nähen und Gartenbau angeboten. Liebenwein, Barz und Randoll haben einige Elternaussagen zusammengetragen:

> „Also ich freu' mich immer, wenn die Kinder irgendwas nach Hause bringen, und denk' daran, was ich früher nach Hause gebracht hab', was für entsetzliche Sachen, die man nicht gebrauchen konnte. Und was wir von den Kindern hier haben, sind entweder wirklich passable Kunstgegenstände, die man sich wirklich gerne hinstellt, und sich dran erfreut. Oder es sind ganz praktische Sachen, zum Beispiel zwei Hocker haben wir schon. Die wirklich gut getischlert sind, oder zwei Bürsten, eine Kleiderbürste, und ein Tischbürste. Das sind professionelle und das hat man sein Leben lang. Ich find' das toll. (Mutter 9g)"

> „Ich sitze hier unter einem Bild. Sie haben ja Weltkunde und ich sitze hier unter einem Bild, das ist ein Aquarell von der Welt, sie haben eine Weltkarte als Aquarell gemalt. Ich glaube, da passiert noch viel mehr als nur zu wissen, wo Amerika ist. (Mutter 11)" (Liebenwein & Barz & Randoll 2012, S. 25 f.).

Die hier exemplarisch zitierten Reaktionen der Eltern zeigen, dass künstlerische Arbeiten nicht nur ein Mittel der Selbstreflexion sind, sondern Kommunikation und Interaktion auslösen. Was hier im Kleinen geschieht, vollzieht sich in Museen und Galerien im Größeren. Künstler*innen mögen im Schaffensprozess mit sich und ihrem Genie in Klausur gehen, doch letztlich zielt das Werk auf eine Reaktion beim Betrachter oder der Betrachterin und idealerweise einer Diskussion darüber im gesamten Publikum. Kunst ist damit immer auch Kommunikation.

Die Fächer vermitteln den Heranwachsenden nicht nur gestalterische und praktische Fertigkeiten, sondern fördern auch ein Verständnis für traditionelle Handwerkskunst und für dreidimensionale Kunstwerke. Zentral ist dabei die Förderung der kreativen Selbstentfaltung und des individuellen Ausdrucks. Nahezu 100 Prozent der von Weiss und Willmann befragten Absolvent*innen geben an, dass die Waldorfschule einen positiven Einfluss auf ihre kreative Fähigkeit hatte (Weiss & Willmann 2021, S. 32). Auch in ihrer Freizeit sind Waldorfschüler*innen mit durchschnittlich 77,8 Prozent häufiger künstlerisch tätig als Schüler*innen von Regelschulen mit durchschnittlich 48 Prozent (Liebenwein & Barz & Randoll 2012, S. 9). Die Erhebung von Liebenwein, Barz und Randoll (2012, S. 227) hat im Einzelnen ergeben, dass fast die Hälfte aller Waldorfschüler*innen ein Musikinstrument beherrscht, wohingegen im Vergleich dazu laut Jugendkulturbarometer nur 13 Prozent der Jugendlichen zwischen 14 und 24 Jahren ein Musikinstrument spielt. Von den Waldorfschülern beschäftigen sich 35 Prozent mit Malerei (gegenüber 10 %) und fast je 27 Prozent mit Singen, Fotografieren oder Tanzen (gegenüber 6 % und je 11 % beim Fotografieren oder Tanzen).

Kunst, das gehört auch zur Wahrheit, ist in der Regel eine brotlose Kunst. Laut Mikrozensus 2019 (neue Zahlen liegen leider nicht vor, Stand 2024) verdient das Gros der Künstler*innen weniger als 2000 Euro. Das Statistische Bundesamt zählte damals 123 300 Erwerbstätige in der Bildenden Kunst. Das sind nur 0,3 Prozent der Bevölkerung aber immer noch zu viele, wenn man in Kategorien wie Konkurrenz und Markt denkt (Destatis 2021). Auch in kunstnahen Berufen in Museen, Verlagen, Design, Theater sind hohe Gehälter und sichere Arbeitsplätze die Ausnahme. Wer sich auf diesen Weg begibt, muss viel Idealismus mitbringen. Warum also legt die Waldorfpädagogik so viel Wert auf das Künstlerische? Die kreativen Fächer machen die Attraktivität künstlerischen Handelns spürbar, aber ihr Zweck ist nicht die Vorbereitung auf einen künstlerischen Beruf. Gerade weil das Leben nach der Schule von finanziellen Zwängen, wirtschaftlichem Nützlichkeitsdenken und oft auch Konsumwünschen maßgeblich beeinflusst ist, ist die Schule der ideale Ort, um Talente zu entwickeln, die außerhalb der Schule nur schwer zum Blühen kommen. Gleichzeitig wird jeder gebildete Mensch dem Satz zustimmen, dass Kultur der Kitt sei, der unsere Gesellschaft zusammenhält. Künstlerische und kreative Kompetenzen mögen mit Blick auf den Gelderwerb von begrenztem Nutzen sein, für das Zusammenleben der Bürger*innen sind sie essenziell.

7 Gesundheit, Resilienz und persönliche Entwicklung

7.1 Förderung eines ganzheitlichen Gesundheitsverständnisses

Waldorffamilien haben oft ein ausgeprägtes Gesundheitsbewusstsein und weisen der Gesundheit in der Lebensführung eine hohe Bedeutung zu (Liebenwein & Barz & Randoll 2012, S. 191). Der Wunsch oder vielmehr das Bedürfnis, gesund und in Verbindung mit der uns umgebenden Welt zu leben, ist grundlegend. Zwar sind Bewegung, eine gesunde Ernährung und geistige Herausforderungen Ziele, die auch ohne Kenntnis der Gedanken Rudolf Steiners die Lebenspraxis etlicher Menschen leiten; aber man darf an dieser Stelle durchaus mit einiger Zufriedenheit feststellen, dass Marken wie Alnatura, Demeter oder Weleda und andere, die auf der Basis anthroposophischer Prinzipien produziert werden, mittlerweile von breiten Schichten der Gesellschaft konsumiert werden. Lebensmittel und medizinische Produkte mit anthroposophischer Herkunft werden gekauft, weil sie *gesund* sind, auch wenn deren gedanklicher Hintergrund nicht verstanden wird. Auch gibt es fast überall eine gewisse Skepsis gegenüber der Schulmedizin. Sie gilt vielleicht als kompetent, aber in ihrer Spezialisierung eben auch punktuell. Patient*innen wünschen sich aber, dass eine Ärztin oder ein Arzt die Patientin oder den Patienten als Menschen ansprechen und nicht als isoliertes Problem. Diese Beobachtungen zeigen, dass die Betrachtung von ganzheitlicher Gesundheit kein Nebenaspekt einer Waldorf-Bildung ist, sondern ein zentrales Anliegen. Eltern wünschen sich physische wie mentale Gesundheit für ihre Kinder und genau bei diesem Bedürfnis kann ihnen die Schule konkrete Angebote machen, die sofort und unmittelbar verstanden werden. Liebenwein, Barz und Randoll befragten Waldorfschüler*innen nach ihrem Gesundheitsbewusstsein und ihrem Gesundheitsbegriff:

> „Wir sind schon bemüht, uns gesund zu ernähren, uns gesund zu erhalten, und unseren Körper zu pflegen, weil ich denke, es ist eines der Geschenke, die wir erhalten haben. […] Eine angemessene Kost, je nach Situation, je nach Lebenssituation. Eine Biokost, weitgehend, soweit es möglich ist, die auch entsprechend auf Landwirtschaft, auf regionalen Produkten aufbaut. Damit eine Kost, die sehr erdnah ist, also, die unverfälscht ist. […]. Vielfältig aufbereitete Kost nehmen wir nicht zu uns. Fertigprodukte oder ähnliches. Dazu würde ich auch viele so zuckerhaltige Nahrungsmittel, die auch wertlos sind, zählen. Gemäßigter Süßigkeitenkonsum, gemäßigter Fleischkonsum. (Schülerin 9f)“

„Wenn ich krank bin, dann lege ich mich ins Bett und schlafe. Ich versuche immer erst alles mit Homöopathie in den Griff zu bekommen, bevor ich auf die Schulmedizin zurückgreife. (Schülerin 12a)“ (Liebenwein & Barz & Randoll 2012, S. 191 f.).

Waldorfschulen unterstützen diese Haltung und vermitteln nicht nur ein Bewusstsein für die körperliche Gesundheit, sondern auch für die geistige und emotionale. Diese drei Aspekte sind untrennbar miteinander verbunden und beeinflussen sich gegenseitig. Rudolf Steiner stellt folgende Überlegungen an:

„Was sind denn eigentlich die Krankheiten für Prozesse? Wie unterscheiden sie sich denn von den sogenannten Normalprozessen des menschlichen Organismus? Denn nur mit einer positiven Vorstellung über diese Abweichung kann man doch arbeiten, während die Darstellungen, die man gewöhnlich findet und die gegeben werden in der offiziellen Wissenschaft, eigentlich nur negativ sind. Es wird nur darauf hingewiesen, daß eben solche Abweichungen da sind. Und dann probiert man, wie man etwa die Abweichungen beseitigen könne. Aber eine durchgreifende Anschauung über das Menschenwesen ist ja eigentlich nicht vorhanden“ (Steiner 2020, S. 25, 1. Vortrag).

Damit nimmt Steiner das später von Aaron Antonovsky als Salutogenese benannte Konzept voraus (Antonovsky 1997). Der Schulunterricht an Waldorfschulen wirkt auf die körperliche, seelische und geistige Entwicklung der Jugendlichen: „Man wendet gewissermaßen alles, was man im Unterricht anwendet, so an, dass man lernt, wie der Mensch am besten gesund ist“. (Steiner 2001, S. 216). Rudolf Steiner betont, dass sich Denken, Fühlen und der Wille immer ergänzen müssen, denn „dadurch ergibt sich die Einheit. Nicht dadurch, dass man das eine auslöscht, sondern indem man das eine neben dem anderen entwickelt“ (Steiner 2019c, S. 39).

Diese Herangehensweise ist erfolgreich. Die empirischen Untersuchungen von Büssing und seinem Team (2007) weisen darauf hin, dass Absolvent*innen von Waldorfschulen im späteren Leben weniger anfällig für Erkrankungen sind. Das Team um Fischer (2013) und Zdrazil (2019, S. 240) stellen eine Reihe empirischer Untersuchungen zusammen, die geringere Erkrankungszahlen von ehemaligen Waldorfschüler*innen unter anderem in den Bereichen Zahngesundheit, Asthma, Allergien und Krebs belegen. Diese Befunde sind alles andere als überraschend, sie zeigen aber auch, dass die Waldorfpädagogik keine esoterische Heilslehre ist, wie ihr ihre Kritiker gerne vorwerfen, sondern ein System, dessen Ideen zu echten Erfolgen führt. Man mag nun einwenden, dass sich aus Korrelationen keine Kausalitäten ableiten lassen. Das ist richtig und falsch zugleich. Aber wenn wir auf die ganzheitliche Gesundheit blicken, verzichten wir bewusst auf einfache Ursache-Wirkung-Erklärungen. Ganzheitlichkeit richtet sich zuerst am Menschen aus, das empirische Ergebnis ist zweitrangig.

Waldorfpädagogik ist nicht einfach ein Bündel von Methoden, sondern eine Haltung dem Schüler, der Schülerin gegenüber und ihrem Werden. Wenn dies zu einer guten Gesundheit und einer starken Persönlichkeit führt, dann zeigt sich daran, dass schulische Bildung und körperliches wie geistiges Wohlbefinden im Zusammenhang gedacht werden müssen.

7.2 Integration von ganzheitlichen Gesundheitspraktiken in den Schulalltag und Lehrplan

Waldorfschulen legen Wert auf eine praktische Gesundheitsförderung. Der Tagesablauf umfasst sowohl akademische als auch praktische und künstlerische Aktivitäten. Dabei werden Pausen für Bewegung und Entspannung eingeplant, um die äußeren und inneren Kräfte zu entfalten. Rudolf Steiner drückt das so aus: „Tatsächlich ist das vollbewusste Ziel desjenigen, was hier als gesunde Pädagogik und Didaktik angesehen werden muss: in der freiesten Weise das Physisch-Leibliche des Menschen zu entwickeln und dem Geistig-Seelischen gewissermaßen die Möglichkeit zu bieten, sich aus sich selbst zu entfalten" (Steiner 2001, S. 215).

Ernährung wird als fundamentaler Bestandteil eines gesunden Lebensstils betrachtet. An Waldorfschulen wird den Schülerinnen und Schülern beigebracht, die Bedeutung von frischen, ausgewogenen und möglichst naturbelassenen Lebensmitteln zu verstehen. Sie lernen, wie eine gesunde Ernährung ihre körperliche Gesundheit, ihre Energielevel und ihre geistige Leistungsfähigkeit beeinflusst. Die Erhebung von Liebenwein, Barz und Randoll (2012, S. 195) hat gezeigt, dass Waldorfschüler*innen im Verhältnis zu Schüler*innen an anderen Schulen mehr Obst, Gemüse oder Salat essen und weniger Cola und Limonaden trinken. Die Schulen setzen auf eine ausgewogene Schulverpflegung mit frischen, saisonalen Zutaten (ebd., S. 193 f.).

Auch Bewegung spielt eine entscheidende Rolle für die körperliche Gesundheit. Sportunterricht gehört daher zum Curriculum. Die Lehrkräfte machen die Jugendlichen darüber hinaus auf außerschulische Aktivitäten wie Sportvereine, Tanzgruppen oder Outdoor-Aktivitäten aufmerksam. Waldorfschulen legen Wert darauf, etwa im Eurythmie-Unterricht, dass Bewegung nicht nur als Mittel zur körperlichen Ertüchtigung betrachtet wird, sondern auch als Möglichkeit, sich auszudrücken, Stress abzubauen und die Sinne zu schärfen.

An Waldorfschulen werden Workshops, Seminare und Projekte durchgeführt, um über die Risiken und Folgen des Drogen- und Alkoholkonsums aufzuklären. Eine wichtige Komponente ist die Vermittlung von Informationen über die physischen, psychischen und sozialen Auswirkungen von Drogen und Alkohol. Dabei geht es um Fakten über die kurz- und langfristigen Folgen des Konsums, einschließlich gesundheitlicher Risiken, Suchtgefahr, sozialer Probleme und rechtlicher Konsequenzen. Außerdem werden Strategien zur Risikominderung und zur Bewältigung von Gruppendruck und alternative Formen der Freizeitgestaltung besprochen. Diese Aktivitäten bieten Raum für offene Gespräche und die Vermittlung von Lebenskompetenzen im Umgang mit Suchtgefahren und führen zu einem reflektierten Umgang mit Suchtmitteln

Der Unterricht vermittelt auch, dass Schönheit nicht an bestimmte Normen gebunden ist und dass jeder Mensch einzigartig ist. Er sensibilisiert für die Vielfalt von Körperformen und -größen sowie die Akzeptanz unterschiedlicher Schönheitsideale. Die Jugendlichen lernen, sich selbst und andere unabhängig von äußeren Erscheinungsformen zu akzeptieren und zu respektieren, eine positive Einstellung zu ihrem Körper und ihrem Selbstwert zu entwickeln und auf die Bedürfnisse ihres Körpers zu achten und für ihr körperliches Wohlbefinden Verantwortung zu übernehmen.

Die Heranwachsenden erfahren, dass es wichtig ist, auf die psychische Gesundheit zu achten, rechtzeitig auf Warnsignale zu reagieren und sich regelmäßig Zeit für sich selbst zu nehmen. Sie lernen, die Anzeichen von selbstverletzendem Verhalten zu erkennen und zu verstehen, dass dies ein Hilfeschrei sein kann, der durch verschiedene Ursachen, darunter psychische Belastungen, Stress, Angstzustände, Depressionen oder traumatische Erlebnisse ausgelöst wurde. Durch offene Gespräche und Sensibilisierungskampagnen wird das Tabu um das Thema gebrochen, und es wird ein unterstützendes Umfeld geschaffen, in dem Betroffene Hilfe suchen können.

Die Lehrkräfte vermitteln Strategien zum Umgang mit Stresssituationen, zur Selbstorganisation und zum Zeitmanagement, damit die Jugendlichen den Schulalltag effizient organisieren, Prioritäten und realistische Ziele setzen, und psychische Belastung reduzieren können. In Diskussionen, Übungen und Reflexionen werden die Grundlagen eines gesunden Lebensstils, der eine ausgewogene Ernährung, regelmäßige Bewegung und ausreichend Schlaf umfasst, thematisiert.

Zusätzlich werden an Waldorfschulen Angebote zur psychologischen Beratung und Unterstützung bereitgestellt. Die Jugendlichen haben die Möglichkeit, sich bei Bedarf an Vertrauenslehrer*innen oder qualifizierte Fachkräfte zu wenden, um über ihre Probleme und Sorgen zu sprechen und Unterstützung zu erhalten. Dies schafft ein unterstützendes und vertrauensvolles Umfeld, in dem sie ihre psychischen Belastungen besser bewältigen können.

Allerdings muss auf die Grenzen einer Erziehung zur Gesundheit hingewiesen werden. Die Waldorfschule ist zwar ein wichtiger Lern- und Erfahrungsraum, aber bei weitem nicht der einzige. Andere Einflüsse wie die Peergroup, die sozialen und die Massenmedien, die Waren- und Werbewelt usw. wirken auf die Jugendlichen ein und reizen ihre Experimentierfreude. Die Mitarbeit bzw. das gute Beispiel der Eltern können das Anliegen zu einer gesunden Lebensführung unterstützen, sie können aber genauso gut auch zum Widerspruch reizen. Wenn ein junger Mensch die Wahl zwischen Demeter und McDonalds hat, dann werden ihn auch die besten Lehrer*innen nicht davon abhalten können, einmal in das pappige Industriefleisch zu beißen. Mit Verboten kommt man hier nicht weiter. Geschmack ist leider kein Unterrichtsfach und die wilde Mischung von salzig-süßen Aromen von Fast-Food ist zugegebenermaßen eine Versuchung. Auch stundenlanges Sitzen vor dem Monitor oder das Konsumieren von Alkohol hat für manche Heranwachsende einen hohen Reiz. Hier gilt es, geduldig zu sein. Bewegung ist inspirierender als Rumsitzen, Kunst und Kreativität spannender als Drogen und eine gute Küche schlägt auf Dauer jedes Fast-Food. An dieser Stelle wäre ein Appell angebracht: nicht die Zutat macht das Essen, sondern die Zubereitung. Je schmackhafter das Schulessen ist, umso seltener werden sich die Jugendlichen zu ungesundem Essen hingezogen fühlen. Am Ende, das zeigt die Erfahrung, ist eine gesunde Lebensweise attraktiver als alles andere.

7.3 Förderung emotionaler Intelligenz und sozialer Kompetenzen

Waldorfschulen regen dazu an, die eigenen Werte, darunter ethische, moralische, spirituelle, soziale und kulturelle, zu identifizieren, zu hinterfragen und zu reflektieren. Hierfür bieten sie Diskussionen, Lektüren, künstlerische Projekte und praktische Erfahrungen an. Durch Selbstreflexion, das bewusste Nachdenken über die eigenen Gedanken, Gefühle und Motivationen, hinterfragen die Heranwachsenden ihre inneren Motive und Glaubenssätze, die oft unbewusst ihr Handeln und ihre Entscheidungen beeinflussen. Sie entwickeln Selbstmitgefühl und die Fähigkeit, sich selbst anzunehmen und zu akzeptieren.

Selbstreflexion ist ein fortlaufender Prozess, der Zeit und Übung erfordert. Dies fördern die Waldorfschulen durch verschiedene Methoden wie Anregungen zum Tagebuchschreiben, zu Meditationspraktiken oder den von Rudolf Steiner zur Entwicklung einer persönlichen Haltung gestalteten Übungen, den sogenannten sechs Nebenübungen (Steiner 2024, S. 238 ff.); hinzu kommen Gesprächsangebote von Lehrer*innen und innerhalb der Peergroup gestaltete Prozesse. Durch diese Angebote vermögen es die Jugendlichen, Selbsterkenntnis, eine Einsicht in ihre eigene Persönlichkeit und Identität, zu entwickeln. Rudolf Steiner drückt es so aus:

> „Ein Ausspruch, der beherzigt werden sollte, ist: Alles, was du in Bezug auf Entwickelung der Seele unternimmst und was dich auf dem Lebenspfade vorwärts bringt, ist gut getan; alles, was dich auf dem Punkte erhält, ist im Grunde genommen für deine Seele ein Verlust“ (Steiner 2017, S. 34).

Die Schülerinnen und Schüler lernen, sich in die Lage anderer zu versetzen, sich gegenseitig zu unterstützen und andere Perspektiven zu verstehen. Sie lernen die Bedeutung von Respekt, Freundlichkeit und Hilfsbereitschaft im Umgang miteinander und entwickeln die Fähigkeit, auf die Bedürfnisse anderer einzugehen. Dies trägt nicht nur zum eigenen emotionalen Wohlbefinden bei, sondern stärkt auch den Zusammenhalt in der Schulgemeinschaft (Randoll & Peters 2022, S. 38). Der Prozess der Sinnsuche und Seelenentwicklung hat für junge Menschen eine höhere Priorität als für die Älteren. Später entwickeln wir Gewissheiten und Routinen, die an die Stelle des aktiven Suchens und Findens treten. Für Lehrende wie deren Eltern ist es wichtig, die Schüler*innen bei diesem schwierigen und manchmal auch schmerzhaften Unterfangen zu ermutigen. Dies gelingt durch Offenheit, Empathie und Neugier. Zweifel und Unsicherheiten sind keine Schwächen, sondern Chancen, die im Idealfall den Horizont weiten und den Jugendlichen im wahrsten Sinn des Wortes helfen, über sich hinaus zu wachsen. Auf diesem Feld sind es ausnahmsweise die Schüler*innen, die den Lehrenden etwas beibringen können. Auch für Erwachsene ist der Weg das Ziel und das Beispiel junger Menschen verrät ihnen etwas über die eigene Trägheit und Selbstgewissheit. Lehrer*innen sollten sich trauen, sich von den Unsicherheiten der Schüler*innen anstecken zu lassen, um ihrerseits ihre Positionen zu überdenken. Eigentlich ist es genau das Sich-Einlassen auf die Heranwachsenden, das den Beruf des Lehrenden so reizvoll macht und Eltern die beste Zeit ihres Lebens schenkt.

7.4 Entwicklung eines gesunden Selbstbewusstseins und Selbstvertrauens

Die Phase der Adoleszenz ist, wie gesagt, oft von Selbstzweifeln, Unsicherheiten und dem Bedürfnis nach Anerkennung geprägt, was die Entwicklung von Selbstvertrauen und einem positiven Selbstbild besonders wichtig macht. Im Kontext der Schule wird dieser Prozess in eine akademische Leistung eingebettet, die eigene Erfolgserfahrung und das Vertrauen in ein Team beinhaltet. Eine starke Persönlichkeit entwickelt sich am einfachsten und zuverlässigsten über die Tat und die Anerkennung für Getanes.

Es ist eine Herausforderung, die eigene Komfortzone zu verlassen, neue Erfahrungen zu machen, Grenzen zu überwinden und dabei auch Misserfolge als Teil des Lernprozesses zu akzeptieren und an ihnen zu wachsen. Die Waldorfschulen fordern die Heranwachsenden in Projekten, Präsentationen und sportlichen Aktivitäten. Dazu zählt etwa die Zwölftklass-Projektarbeit, in der die Schüler*innen ein selbstgewähltes Thema über mehrere Monate, unterstützt durch eine Mentorin oder einen Mentor, bearbeiten und schließlich einem großen Publikum präsentieren. Oftmals ist dies für einen Heranwachsenden die erste Erfahrung, über lange Zeit ein Thema zu bearbeiten, es zu strukturieren, Informationen zu sammeln und zu ordnen, in den Prozess des wissenschaftlichen Schreibens zu kommen und dabei zu bleiben und schließlich die Ergebnisse vor einem großen Auditorium zu präsentieren. Sie oder er erfährt dabei, sich selbst zu motivieren, mit Rückschlägen umzugehen und über sich herauszuwachsen.

Die Jugendpädagogik der Waldorfschulen wirkt darauf hin, dass die Heranwachsenden ihre eigene Einzigartigkeit akzeptieren und sich selbst so annehmen, wie sie sind, mit ihren eigenen Stärken und Schwächen. „Der junge Mensch hat sich selbst gefunden, wenn er sich sagen kann: Ich werde akzeptiert so, wie ich bin" (Largo & Czernin 2017, S. 189). Lehrkräfte und Schulgemeinschaften unterstützen sie durch positives Feedback, ermutigende Worte und bei der Bewältigung von Herausforderungen. In Steiners Worten:

> „Wir finden: Selbstvertrauen fehlt den Menschen. Aber ein Selbstvertrauen ist nur gerechtfertigt und kann nur da sein, wenn es getragen wird von dem Vertrauen zu den anderen Menschen. Wie Nordpol und Südpol zueinander gehören, ohne einander nicht da sein können, so kann Selbstvertrauen nicht da sein ohne Vertrauen zu den anderen Menschen. Niemals wird eine Erziehungswissenschaft, eine Unterrichtswissenschaft in die Menschen dasjenige hineinbringen, was Selbstvertrauen, was Vertrauen zur Menschheit ist, wenn sie nicht herausgeboren ist aus einer solchen Menschenliebe, die aus der Menschenerkenntnis kommt" (Steiner 2005, S. 176).

Im Unterricht werden auch stereotype Geschlechterrollen und andere traditionelle gesellschaftliche Normen und die damit verbundenen Erwartungen kritisch hinterfragt. „Jugendliche können im pädagogischen Kontext auf ihrem Individuationsweg dahingehend unterstützt werden, als dass in Unterrichtsgesprächen und -materialien neben heteronormativen Beziehungs- und Familienmodellen auch andere Lebensrealitäten als selbstverständliche thematisiert werden" (Beckel 2022, S. 286). Durch die Reflexion über eigene Vorstellungen von Geschlechteridentität lernen die Jugendlichen, sich von starren Stereotypen und geschlechtsspezifischen Erwartungen zu lösen und eine Vielfalt von Geschlechteridentitäten zu begrüßen.

Die von Randoll und Peters (2022) befragten Absolvent*innen von Waldorfschulen bestätigen, dass ihre Persönlichkeiten auf vielen Ebenen gefördert wurden und berichten „über den positiven Einfluss auf ihr Selbstbewusstsein, Selbstvertrauen, ihre Selbstständigkeit, ihre Neugier und das Gefühl der Selbstwirksamkeit" (ebd., S. 38). Rund 80 Prozent der von Weiss und Willmann befragten Absolvent*innen geben an, dass die Waldorfschule ihr Selbstvertrauen und Selbstwertgefühl gestärkt hat (Weiss & Willmann 2021, S. 32).

Lehrende wie Eltern sollten wissen, dass sie es mit Jugendlichen zu tun haben, die sich in einem Entwicklungsprozess befinden. Was Individualität ist, hat sich in den früheren Jahrzehnten anders dargestellt als heute oder wird in anderen als den westlichen Gesellschaften anders behandelt als hierzulande. Es ist eine zentrale Kategorie in aktuellen Diskursen über LGBTQ+ und Genderfragen (Saar 2023). Das System der Waldorfschulen kann den sich neu entwickelnden Ansprüchen und ihren Formulierungen mit einer gewissen Gelassenheit begegnen, da das Gebäude, dass Rudolf Steiner errichtet hat, auch rund hundert Jahre nach seinem Tod gültig ist und bleibt. Die Waldorfpädagogik hat bei der Aufgabe, ihre Lehren und Erkenntnisse in sich wandelnden Zeiten zu bewahren und auf die neuen Umstände anzupassen, bislang noch nie versagt.

8 Umgang mit digitalen Medien und Technologie

8.1 Medienkompetenz und digitale Bildung

Seit langem wird die Bildungsdiskussion vom Wert oder Unwert digitaler Medien begleitet. Auf keinem anderen Feld prallen gegensätzliche Positionen mit solcher Wucht aufeinander. Gerade an Waldorfschulen ist die Kritik an Smartphone und Computer besonders deutlich ausgeprägt, scheinen doch diese Geräte in einem eklatanten Widerspruch zu den pädagogischen Anregungen von Rudolf Steiner zu stehen, die sich in praktischen Disziplinen wie Tischlerei, Gartenbau oder Eurythmie verwirklichen. Allerdings nimmt das Waldorf-System hier keine Sonderstellung im allgemeinen Schulsystem ein. In diesem Kapitel soll der Versuch unternommen werden, einen pragmatischen Ansatz zu entwickeln, also im Sinne von Max Weber die Verantwortungsethik in den Blick zu nehmen (Weber 1919). Dies nimmt der gesinnungsethischen Position nichts von ihrer Legitimität, aber weder in der Schule noch außerhalb lassen sich probate Mittel finden, den Erfahrungsraum der Vor-Internetzeit zu konservieren. Auch der oder die fähigste Lehrende wird niemals verhindern können, dass Klassenmitglieder heimlich oder offen mit ihren Smartphones spielen. Der Einfluss der Eltern, ihre Kinder von digitalen Medien fernzuhalten, mag bei den Jüngsten gerade noch funktionieren, aber bei fortschreitendem Alter nimmt er rapide ab. Man soll auch nicht vergessen, dass das Verbotene einen ungeheuren Reiz ausübt, gerade bei Heranwachsenden. All dies spricht dafür, eine flexible Haltung einzunehmen, die zweierlei berücksichtigen muss. Zum einen soll der Gebrauch digitaler Medien und Techniken im Einklang mit dem bestehenden Bildungskonzept erfolgen und zum anderen müssen die jungen Menschen unbedingt zu einer Kritikfähigkeit erzogen werden, die es ihnen ermöglich, die schädlichen von den nützlichen Anwendungen zu unterscheiden.

Die Waldorfschulen sind keine Parallelwelt im Bildungssystem, sondern ein komplementäres Angebot in einer Vielzahl von schulischen Bildungsmöglichkeiten. Das heißt, dass sie sich genauso wie jede andere Bildungsform an neue Realitäten anpassen muss. Dem System wohnt eine gewisse Reserviertheit gegenüber allzu stürmischen Bildungsreformen inne, wie sie an den staatlichen Schulen immer wieder unternommen werden. Mit ihrer Haltung bewahren Waldorfschulen ein traditionelles und auf Erfahrungen beruhendes Lehren, dass auf aktuelle Impulse in der Regel vorsichtig reagiert. Sie vermitteln heute einen ganzheitlichen Ansatz, der analoge und digitale Medien gleichermaßen einschließt. Sie legen Wert darauf, dass ihre Schülerinnen und Schüler nicht nur digital, sondern auch analog kompetent sind. Dies bedeutet, dass neben dem Umgang mit Computern und digitalen Geräten auch zum Lesen und Umgang mit Büchern und anderen analogen Tools angeregt wird (Schmidt 2022, S. 237).

Moderne Technologien bieten eine Fülle von Ressourcen und Möglichkeiten für den Bildungsbereich. Lernende haben Zugang zu einer Vielzahl von Online-Kursen, interaktiven Lernplattformen, virtuellen Laboratorien und digitalen Bibliotheken, die ihr Lernen bereichern und erweitern können. Diese Technologien ermöglichen es, flexibel und individualisiert zu lernen und eigene Lernziele zu verfolgen. Durch die Nutzung von Online-Diskussionsforen, sozialen Netzwerken und kollaborativen Tools finden Vernetzungen statt, werden Ideen ausgetauscht und gemeinsam an Projekten gearbeitet, unabhängig vom geografischen Standort:

> „Medienpädagogik im Jugendalter heißt also vor allem, die Chancen der digitalen Technik dafür zu nutzen, Jugendliche miteinander in Verbindung zu bringen. Anstatt im Unterricht andere Länder, Sprachen, Gesellschaftssysteme oder Landschaften anhand von analogen oder digitalen Informationsmedien kennen zu lernen, können wir Kontakt zu Jugendlichen an anderen Schulen und Menschen in anderen Ländern aufnehmen und Räume für Gespräche, einen inhaltlichen Austausch oder gemeinsame Projekte öffnen“ (Sievers 2022, S. 247).

Die Lehrkräfte bereiten die Jugendlichen auf die Herausforderungen der digitalen Welt vor und vermitteln nicht nur ein kritisches Bewusstsein für den Umgang mit digitalen Medien, sondern auch technische Fähigkeiten. Denn Medienkompetenz umfasst sowohl die Fähigkeit, digitale Medien zu nutzen als auch das Verständnis für ihre Funktionsweise, ihre Auswirkungen und ihre Rolle in der Gesellschaft. „Medienpädagogik gliedert sich in zwei Ebenen: In eine indirekte Medienpädagogik, die den heranwachsenden Menschen zur individuellen Mündigkeit führt, und eine direkte Medienpädagogik, die dem Menschen die Medienwelt verstehen hilft und damit einen sinnvollen Umgang ermöglicht“ (Hübner 2019, S. 255). Der Unterricht vermittelt Grundlagen der Funktionsweise von Computern, dem Internet, sozialen Medien und digitalen Anwendungen. Thematisiert werden auch Themen wie Künstliche Intelligenz, Gentechnologie, Robotik, Nanotechnologie, erneuerbare Energien und Raumfahrt. Allerdings bescheinigten die Eltern und Schüler*innen den Waldorfschulen ein ambivalentes Verhältnis zu den neuen Medien. Liebenwein, Barz und Randoll haben im Jahre 2012 einige Aussagen dazu zusammengestellt:

> „Da ist die Schule noch am Anfang, die wollen auch, dass sie die Referate am PC machen, und der Spruch, ‚das schaut ihr mal im Internet nach‘, geht den Lehrern leicht über den Mund. [...] Ich glaube, dass da die Kinder den Lehrern etwas vormachen könnten. Die Mädels sind so fit, dass es nicht nötig ist. Das ist wie bei uns ein Ta-

schenrechner, haben wir jemals einen Taschenrechner erklärt gekriegt? Die Zeiten sind vorbei mit Grundkurs Informatik. (Mutter 9d)"

„Unser Lehrer hat uns aufgeklärt über die Strahlung des Handys und seitdem bin ich nicht mehr erreichbar. Er hat gesagt, man kann keine Kinder mehr kriegen, wenn man es in der Hosentasche trägt und die Strahlung ist wie in der Mikrowelle. Bei mehr als zehn Minuten telefonieren wird der Kopf in einen Fieberzustand versetzt, der restliche Körper ist noch normal, nur der Kopf in einem Fieberzustand. (Schülerin 10b)" (Liebenwein & Barz & Randoll 2012, S. 220 ff.).

Anekdotische Evidenz hat bekanntlich einen begrenzten Aussagewert, aber sie trägt zu qualitativen Einschätzungen meist mehr bei als reine Empirie. Was hier deutlich wird, ist, dass den Waldorfschulen bzw. einzelnen Lehrenden eine hohe Verantwortung zugewiesen wird. Während die Generation der Eltern ihre Lernkurve meist schon hinter sich hat, sind die Jugendlichen dabei, ständig neue Inhalte und Erfahrungen aufzuweisen. Der Lehrer, die Lehrerin steht zwischen diesen beiden Generationen und wirkt dabei wie ein Lotse, der bzw. die ein Schiff durch ein tückisches Gewässer führt. Havarie und Erfolg liegen unerfreulich eng beieinander. Wichtig erscheint dabei, dass sich die Lehrenden sich dieser nicht leichten Aufgabe mit Selbstbewusstsein stellen und Misserfolge, die es immer geben kann, als Schritte in einem längeren Prozess begreifen.

Seit dieser Untersuchung, die zum Zeitpunkt der Manuskripterstellung zwölf Jahre zurückliegt, hat sich viel an den Waldorfschulen getan. Seit 2019 hat das Bundesministerium für Bildung und Forschung den sogenannten Digitalpakt aufgelegt, um einen flächendeckenden Aufbau einer zeitgemäßen digitalen Bildungsinfrastruktur zu ermöglichen. Seit dem Jahre 2019 stellte der Bund fünf Milliarden Euro zur Verfügung, im Jahre 2020 wurde der Digitalpakt um weitere 1,5 Milliarden Euro erweitert. Die Mittel ermöglichen es auch den Waldorfschulen, Whiteboards und Laptops anzuschaffen und ein technisch-pädagogisches Einsatzkonzept zu erstellen. Parallel dazu können Lehrende weiterqualifiziert werden. Eine gute technische Ausstattung, die mit dem dazu passenden technischen Know-how bedient wird, ist im Grunde nichts anderes als eine Form von Handwerk, wie es auch in der Tischlerei oder dem Schulgarten angewendet wird.

Der Bund der Freien Waldorfschulen hat eine Schrift zu „Medienpädagogik an Waldorfschulen" herausgegeben, die 2021 in dritter Auflage erschienen ist. Hierin werden Handreichungen zur Mediennutzung gegeben:

Inzwischen gehören Tablets, Computer, Visualizer, Internet und WLan zur selbstverständlichen Ausstattung von Waldorfschulen. Viele Klassenzimmer sind mit Beamer und Tonanlagen ausgestattet. Gleichzeitig tauschen sich die Schüler*innen über WhatsApp, Tiktok, Instagram und dergleichen aus (Facebook und E-Mail werden immer weniger, da sieht man exemplarisch, wie ungeheuer schnell die Entwicklung voranschreitet). Sie besuchen Internetseiten mit Inhalten für Er-

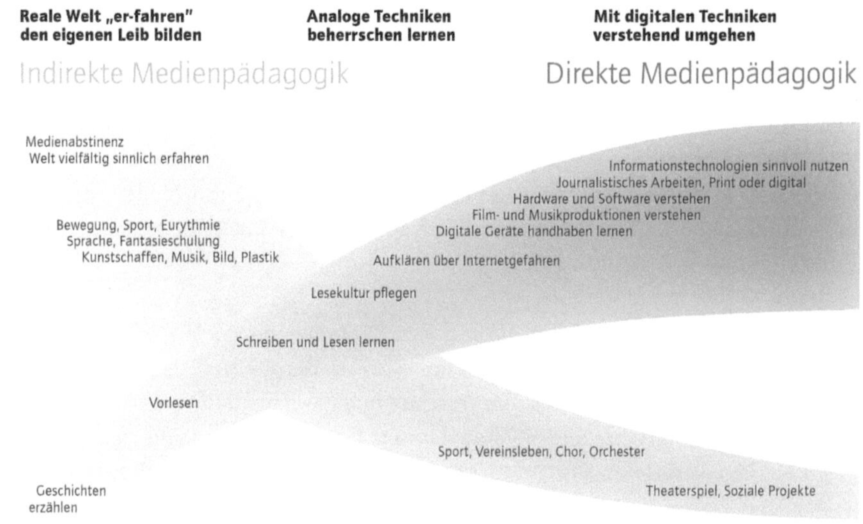

Abbildung: Indirekte und direkte Medienpädagogik. Bund der Freien Waldorfschulen (2021, S. 8).

wachsene, schießen als Egoshooter in virtuellen Kriegswelten auf Zombies, klicken und liken ohne Ende oder verlieren sich in Kaskaden von kurzen und vermeintlich lustigen Videos. Das kann die Waldorfschule nicht unterbinden. Das Konzept eines produktiven Umgangs mit digitalen Phänomenen kann die Entscheidungsfreiheit nur durch positive Impulse steuern.

8.2 Gefahren und Risiken digitaler Medien

Zum Umgang mit digitalen Welten gehört unbedingt die Herausbildung eines kritischen und selbstkritischen Bewusstseins. Aus vielerlei Gründen, die im Einzelnen zu diskutieren den Rahmen und das Feld dieser Publikation sprengen würden, kann der Gebrauch digitaler Angebote zu einer Abhängigkeit bis hin zu einer Sucht führen. Dies zu thematisieren und den Jugendlichen Instrumente an die Hand zu geben, mit denen sie die Kontrolle über ihr Verhalten bewahren, ist deshalb sehr wichtig. Im Unterricht wird untersucht, wie digitale Medien die Art und Weise beeinflussen, wie wir kommunizieren, interagieren und Beziehungen aufbauen. Dies umfasst Themen wie die Nutzung von sozialen Netzwerken, Instant-Messaging-Plattformen, Online-Spielen und digitalen Kommunikationswerkzeugen.

Den Jugendlichen wird ein Bewusstsein für die Zeit, die sie mit digitalen Medien verbringen, vermittelt. Sie reflektieren die eigene Mediennutzung und identifizieren möglicherweise problematische Gewohnheiten. Ziel ist es, ein ausgewogenes Verhältnis zwischen Online- und Offline-Aktivitäten zu erreichen. Dies kann bedeuten, sich bestimmte Zeiten für die Nutzung digitaler Medien festzulegen oder sich bewusst Auszeiten von Bildschirmen zu nehmen, um sich auf andere Aktivitäten zu konzentrieren. Die Erhebung von Liebenwein, Barz und Randoll (2012, S. 217) zeigte, dass der überwiegende Teil der Waldorfschüler*innen täglich zwischen 30 Minuten und zwei Stunden online ist, knapp zehn Prozent der Waldorfschüler mehr als vier Stunden täglich online sind. Ein Waldorfschüler charakterisieren sein Verhalten so:

> „Eine lange Zeit durfte ich gar nicht an den PC und keine Spiele spielen, da waren meine Eltern sehr streng [...] Irgendwann ist es aus der Kontrolle gegangen. Wo ich schwer fasziniert war, ist ‚World of Warcraft' und das hat wirklich ein hohes Suchtpotenzial, auch mit diesem Belohnungssystem [...] Irgendwann fällt einem halt auf, wie viel Zeit da verlorengeht (Schüler 13)" (Liebenwein & Barz & Randoll 2012, S. 218).

Im Unterricht werden Cybermobbing und unangemessene Inhalte thematisiert. Die Heranwachsenden setzen sich mit Mobbing, Belästigung oder Diskriminierung in der Anonymität und Weite des Internets auseinander. Sie diskutieren Verhalten und Vorgehen, sollten sie selbst Ziel davon sein, und werden sensibilisiert, um nicht ihrerseits in sozialen Medien problematische Inhalte zu posten. Die Jugendlichen werden auch über den Umgang mit unangemessenen oder verstörenden Inhalten, wie Gewaltvideos oder pornografischem Material informiert. Sie lernen, dass digitale Medien die Verbreitung von Fehlinformationen und extremistischen Inhalten erleichtern können, etwa durch die schnelle Verbreitung von Nachrichten und Meinungen in sozialen Medien, und so die Sichtweisen verzerren und zu falschen Überzeugungen führen können (Hübner 2018, S. 147 ff.). Die Lehrkräfte weisen die Jugendlichen auch auf das Risiko hin, persönliche Informationen preiszugeben. Sie vermitteln, dass Online-Aktivitäten und Daten gesammelt, analysiert und möglicherweise missbraucht werden können, was die Privatsphäre und Sicherheit der Jugendlichen gefährden kann.

Der Umgang mit digitalen Inhalten geschieht in der Regel individuell und außerhalb eines wirksamen Feedbacks etwa durch Eltern oder die Peer-Group. Schädliche Einflüsse werden deshalb meist zu spät erkannt. Manchmal ist aber die Peer-Group das Problem: Drastische Darstellungen von Gewalt oder Sexualität werden quasi als Mutprobe verbreitet. Das Internet kennt keine Trigger Warnungen. Deshalb ist in allen Diskussionen im Umgang mit oder über digitale Fragen zu betonen, dass die Jugendlichen nicht allein sind, dass sie sich mit ihren Problemen und Ängsten anderen anvertrauen dürfen. Das können Freunde sein, Eltern oder Lehrende. All die Werte, die Waldorfschulen vermitteln, treffen hier auf einen harten Realitätstest; aber hier lassen sich auch Lösungen für ein entspanntes und vernünftiges Umgehen mit den digitalen Realitäten entwickeln.

8.3 Förderung von kritischem Denken und Selbstbestimmung im Umgang mit digitalen Inhalten

Es wird Wert darauf gelegt, dass die Heranwachsenden ein tiefgreifendes Verständnis für Ethik und Verantwortung im Umgang mit Technologie entwickeln. Dies umfasst die kritische Reflexion über die Auswirkungen technologischer Entwicklungen auf die Gesellschaft sowie die persönliche Verantwortung jedes Einzelnen im Umgang mit Technologie. Es wird besprochen, wie Informationen recherchiert, bewertet und kreativ genutzt werden können. Ein wichtiger Schwerpunkt liegt auf der Entwicklung von Fähigkeiten, um die Glaubwürdigkeit und Vertrauenswürdigkeit von digitalen Inhalten zu überprüfen, indem etwa Herkunft, Autor, Intention und Aktualität der Informationen kritisch hinterfragt werden (Sievers 2022, S. 254).

Ein weiterer Aspekt ist die Förderung von analytischen Fähigkeiten, die Argumentationsstrukturen, logische Fallstricke und rhetorische Strategien oder manipulative Inhalte zu identifizieren helfen, und dazu führen, komplexe Zusammenhänge zu verstehen, Schlussfolgerungen zu ziehen und eigenständige Urteile zu treffen. Die Jugendlichen werden befähigt, die Folgen ihres Handelns in einer zunehmend vernetzten und technologiegetriebenen Welt zu verstehen. Hier können Waldorfschulen ihr Potenzial noch erweitern. Die Erhebung von Liebenwein, Barz und Randoll (2012, S. 221) zeigte, dass rund zwei Drittel der Schüler*innen der Ansicht sind, dass die Schule sie weniger stark oder überhaupt nicht auf eine Urteilsfähigkeit der Internetinformationen und -angebote vorbereite.

Teil II: Herausforderungen im Schulalltag der Waldorf-Oberstufe: Individualisierung und Heterogenität

9 Akademische Herausforderungen

9.1 Betonung des individuellen Lernfortschritts

Für welche Schulform würden sich Kinder entscheiden, wenn sie die Wahl hätten? A priori ergibt diese Frage aus praktischen Gründen keinen Sinn, aber a posteriori schon. Der Rückblick auf eine insgesamt gute Schulzeit ist für viele Menschen, die das Glück hatten, erfreuliche Erinnerungen an diesen Lebensabschnitt mitnehmen zu dürfen, eine Quelle der Kraft. Deshalb sollte es der Anspruch von Schule und Lehrenden sein, die Kinder so zu unterrichten, dass diese später den Gedanken mitnehmen, dass, hätten sie sich die Schule aussuchen können, sie genau diese Schule gewählt hätten. Wissen, Erfahrungen von Gemeinschaft und Wertschätzung, Charakterbildung, all dies kann eine erfüllte Schulzeit einem Menschen mit auf den Weg ins Leben geben. Und genau diese Kriterien verlangen auch die Eltern, wenn sie ihr Kind an einer Waldorfschule anmelden.

Dirk Rohde (2022, S. 96 f.) untersuchte für das Bundesland Hessen die Kriterien der Elternschaft an Waldorfschulen für die Schulwahl für ihre Kinder empirisch und kam zu dem Ergebnis, dass sie für das wichtigste Kriterium hält, dass die Schule auf das Abitur vorbereitet. Direkt danach wünschen sich die Eltern vor allem eine Schule, in der angstfrei und mit einer Verbindung von Kopf, Herz und Hand gelernt wird, in der es ein breit gefächertes Lernangebot gibt, in der die Lehrkräfte eine Vorbildfunktion einnehmen, in der ein angenehmes menschliches Miteinander und ein Wohlfühlfaktor im Schulgebäude vorherrscht. Die Untersuchung von Rohde ergab, dass die Elternschaft mehrheitlich der Ansicht war, dass sie diese Vorstellungen in der Waldorfschule vorgefunden habe. Dieser Befund wird durch die von Randoll und Peters durchgeführte Befragung von ehemaligen Waldorfschüler*innen bestätigt (Randoll & Peters 2022, S. 38). 88 Prozent der von Weiss und Willmann befragten Absolvent*innen geben an, dass sie in der Schule frei von Leistungsdruck lernen konnten und die meisten Lerninhalte als sinnvoll erlebt haben (Weiss & Willmann 2021, S. 28). Auch die Erhebung von Liebenwein, Barz und Randoll (2012, S. 52) ergibt, dass sich knapp 90 Prozent der Waldorfschüler*innen an ihrer Schule wohl und sicher fühlen und ihre Schule einladend und freundlich finden.

Die Pädagogik an Waldorfschulen berücksichtigt, dass jeder Schüler und jede Schülerin einzigartig ist und unterschiedliche Lernstile, Interessen und Fähigkeiten hat. Jede*r schreitet im eigenen Tempo voran, verfolgt ihre oder seine persönlichen Interessen, entwickelt ihre oder seine individuellen Stärken und konzentriert sich auf ihre oder seine spezifischen Bedürfnisse. Die Lehrkräfte passen ihren Unterricht entsprechend an und bieten differenzierte Lernangebote an, um den individuellen Bedürfnissen gerecht zu werden. Die Erhebung von

Liebenwein, Barz und Randoll (2012, S. 92) zeigt, dass weit über 80 Prozent der Waldorflehrer*innen die Anstrengungen ihre Schüler*innen, auch wenn diese nicht zum richtigen Ergebnis führen, honorieren und das Auffinden alternativer Lösungswege positiv vermerken. Die Wertschätzung der Waldorflehrer*innen gegenüber ihren Schüler*innen ist deutlich seltener leistungsabhängig als an Regelschulen (ebd., S. 98). „Waldorfschulen verfügen traditionell über einen Prüfungsbegriff, der nicht auf Messen und Vergleichen angelegt ist“ (Kirchdörfer 2019, S. 213). Anstatt den Fokus ausschließlich auf standardisierte Bewertungskriterien zu legen und die Schülerinnen und Schüler miteinander zu vergleichen, wird in der Waldorf-Jugendpädagogik darauf geachtet, dass jede*r ihr oder sein persönliches Bestes gibt und ihre oder seine eigene Leistungsfähigkeit kontinuierlich verbessert. Eine individuelle Beurteilung verhindert die Angst vor einem Misserfolg. Dadurch lernen die Jugendlichen, Verantwortung für ihr eigenes Lernen zu übernehmen, entwickeln Selbstständigkeit und eigene Ziele, und sich selbst kontinuierlich weiter (Rohde 2022, S. 70 f.). Götte, Loebell und Maurer (2009, S. 242 ff.) stellen die Entwicklungsaufgaben und Kompetenzen zusammen, die die Jugendlichen im Verlauf der Oberstufe an Waldorfschulen erwerben: Neben Fachkompetenz erfahren sie auch Methodenkompetenz, Sozialkompetenz, Selbstkompetenz und durch alles gemeinsam Handlungskompetenz.

Waldorfschulen verzichten auf Nichtversetzung. Die Jugendlichen haben stets die Sicherheit, dass sie in ihrer Klasse bleiben werden, selbst wenn ihre Leistungen einmal derart nachlassen, dass sie an einer staatlichen Schule vermutlich nicht versetzt werden würden. Der Verzicht auf das Sitzenbleiben gehört zu den Errungenschaften der Waldorfschulen. Der Wert dieses Instruments ist auch im staatlichen Schulsystem umstritten, doch gerade hier ist der Reformeifer, der häufig in der Schulpolitik erkennbar ist, ausgesprochen schwach. Ein*e Heranwachsende*r, die oder der sitzenbleibt, erlebt in einem frühen Alter die Erfahrung des Scheiterns. Sie oder er wird aus dem Klassenverband gelöst und kommt als Gescheiterte*r in eine neue Klasse, in der sie oder er sich erst integrieren muss. Dann muss diese*r Heranwachsende den Stoff eines ganzen Jahres wiederholen, wobei sie oder er dort, wo sie oder er besonderen Förderbedarf hat, nicht gefördert wird. Ein positiver Effekt des Sitzenbleibens wurde in diversen Studien nicht nachgewiesen (Asberger 2023). Auch aus Sicht des Schulbetriebes muss dieses Vorgehen als ineffektiv gesehen werden.

Den Waldorfschulen ist das Stigmatisieren und Aussortieren von (angeblichen) Bildungsversager*innen fremd. Während Bildungsforscher*innen und -politiker*innen noch diskutieren, ob oder wie das Sitzenbleiben modifiziert werden könnte (Klemm 2009), haben die Waldorfschulen dieses Instrument nie eingeführt und durch das Unterrichtsdesign von Anfang an obsolet gemacht. Der individuelle Zugang zu den Schüler*innen betrachtet diese nicht als zu beschulende Objekte. Leistungen sind nicht nur Ausdruck von Intelligenz und Fleiß, sondern auch Spiegel der je unterschiedlichen Lebenslagen. Auf eine

Phase der Schwäche mag eine der Stärke folgen, oder umgekehrt. Dass Schule idealerweise zu einem Schulerfolg führen sollte, versteht sich von selbst, doch dieser Erfolg misst sich nicht nur in Noten, sondern auch in Zufriedenheit und Selbstvertrauen.

9.2 Inklusive Waldorf-Oberstufenpädagogik

Die Waldorfschulen bieten bewusst einen breiten Fächerkanon an, um die Heranwachsenden vielseitig zu fördern und dazu beizutragen, dass ihre Talente und Potenziale zu Fähigkeiten und Fertigkeiten reifen. Wichtig ist es, dass das Lernen durch Eigenaktivitäten der Schüler*innen erfolgt.

In der Oberstufe differenzieren sich die Begabungen aus. Die Schüler*innen bleiben dennoch während der ganzen Schulzeit in der gewohnten und erprobten Sozialstruktur ihrer Jahrsgangsklasse. In der Klassengemeinschaft haben künftige Abiturient*innen neben anderen, die nach dem Maßstab einer staatlichen Schule Hauptschüler*innen gewesen wären, oder Schüler*innen mit besonderem Förderbedarf ihren Platz. Die Schüler*innen werden vorrangig mittels methodischer Binnendifferenzierung individuell gefördert. Ihnen werden gestufte Anforderungsangebote in den Unterrichten gemacht. Michael Harslem (2018) beschreibt die Binnendifferenzierung an Waldorfschulen folgendermaßen:

> „Hier sollte den Schülern die Möglichkeit gegeben werden, sich erst individuell, das heißt in Einzelarbeit, mit dem aufgenommenen Inhalt zu verbinden, darin einzutauchen und eigene Fragen zu entwickeln. Es hat sich bewährt, wenn sich daran eine Phase des kooperativen Lernens zum Beispiel in Lerntandems oder Kleingruppen anschließt, weil die Schüler in der Regel gut voneinander und miteinander lernen können".

In einigen Fächern und Unterrichtsformen findet der Unterricht in kleineren Gruppen statt. Sie erleben ihre unterschiedlichen Fähigkeiten und Begabungen, lernen miteinander und voneinander und unterstützen sich dabei gegenseitig. Sommer (2010, S. 35) formuliert prägnant: „Guter Unterricht bringt jedem etwas". Darüber hinaus erhält das Thema Förderung derzeit zunehmend Gewicht. Schulen stellen Förderlehrer*innen ein oder bilden ihre Lehrkräfte fort, und entwerfen Förderprogramme und Förderpläne. Barth weist darauf hin:

> „Wenn wir davon ausgehen wollen, dass wirklich alle jungen Menschen in ihrer Jugendzeit [...] den Entwicklungsweg mit seinen Irrungen, Wirrungen und Findungen in Freiheit gehen können, dann sind wir auf größere Zeit-Räume angewiesen, als es gewöhnliche Rahmenbedingungen für Schul- und Ausbildungszeiten beinhalten" (Barth 2022, S. 298).

Denn „es herrscht bislang ein Mangel an Wissen über *alle* jungen Menschen, auch jene mit besonderen Anlagen und Fähigkeiten" (Barth 2022, S. 298). Die UN-Konvention über die Rechte von Menschen mit Behinderungen ist 2009 in Kraft getreten. Artikel 24 definiert die Prinzipien für Teilhabe, Selbstbestimmung und Inklusion für den schulischen Bereich. Ziel ist es, allen Schüler*innen, unabhängig von ihren Fähigkeiten, Beeinträchtigungen oder ihrer Herkunft, den Besuch der allgemeinen Schule zu ermöglichen (UN-Konvention 2009, Artikel 24, 2.a.).

Das stellt die (Waldorf-)Schulen vor große Herausforderungen. Einige Waldorfschule haben bereits ein inklusives Schulkonzept entwickelt. Sie erproben neue Formen gemeinsamen Lernens, in denen sie die verschiedenen Lernvoraussetzungen berücksichtigen. Statt standardisierter Leistungsbewertungen wird das Augenmerk darauf gerichtet, wie jede*r Heranwachsende in der Gemeinschaft gefördert werden kann. Jede*r stellt sich den Herausforderungen, die ihre oder seine Entwicklung voranbringen. Wenn Inklusion gelingt, wird die Schule zu einem Lebensort für alle.

Es haben sich Waldorfschulen, wie etwa die Waldorfschulen in Gröbenzell, Emmendingen, Köln und in Everswinkel neu gegründet, die von Anfang an einen inklusiven Ansatz haben. Im Jahr 2015 entstand das Projekt „Entwicklungsimpulse durch inklusive Pädagogik", in dem 14 Waldorfschulen Vorgehensweisen entwickeln, die Inklusion in ihr Schulleben einzubetten (Blaeser 2016). An der Windrather Talschule haben von den 20 bis 25 Schüler*innen einer Klasse etwa fünf einen sonderpädagogischen Unterstützungsbedarf. Andere größere Schulen, wie die Waldorfschule Kreuzberg, kooperieren mit heilpädagogischen Schulen. Traditionelle Schulkonzepte werden weiterentwickelt und Lösungen gefunden, die den Bedürfnissen und Rechten der Heranwachsenden Sorge tragen. Ein Beispiel für Binnendifferenzierung bietet die Waldorfschule in Würzburg. Hier wurden ab der siebten Klasse zwei Schwerpunkte eingeführt, um die unterschiedlichen Begabungen der Schüler*innen zu fördern. Zum einen gibt es den sogenannten Praktischen Zug, der mit zusätzlichem Unterricht in den Fächern Kochen, Töpfern, Schmieden, Buchbinden und Steinmetzen einen künstlerisch-handwerklichen Schwerpunkt setzt, und dafür den Französischunterricht reduziert. Zum anderen wird ein sprachlicher Schwerpunkt angeboten, in dem Englisch und Französisch bis zur zwölften Klasse voll beibehalten werden. Ab der 10. Klasse wird Englisch in zwei Lerngruppen mit unterschiedlichem Leistungsniveau unterrichtet. Die Beispiele zeigt, dass es innerhalb der Waldorfpädagogik eine Fülle von kreativen Freiheiten und Gestaltungsmöglichkeiten gibt. Kaum eine Waldorfschule gleicht der anderen. Wenn Eltern die Chance haben, sich zwischen zwei oder drei Schulen zu entscheiden, dann sollten sie ihre Entscheidung bewusst und mit einem genauen Blick auf die Bedürfnisse ihrer Kinder treffen.

In den letzten Jahren ist das elterliche Bewusstsein für die Bedürfnisse der Kinder gewachsen. Der Wunsch, in seinem Kind etwas Besonderes und Einzigartiges zu sehen, ist natürlich und nachvollziehbar. Problematisch wird dieser

Gedanke, wenn übertriebene Erwartungen in junge Menschen hineinprojiziert werden. Waldorfschulen fördern genauso das Individuum wie das Kollektiv. Der große Vorteil dieser Pädagogik besteht eben auch darin, die Beziehung zwischen Lehrenden und Mitschüler*innen zu entwickeln und zu fördern. Menschen sind kommunikative Wesen. Das Miteinander zu lernen ist deshalb ebenso wichtig wie die Förderung individueller Talente und Bedürfnisse.

9.3 Der Umgang mit Prüfungsleistungen

Bis in die Oberstufe verzichten die Waldorfschulen auf Noten und Notenzeugnisse. Stattdessen wird in Textzeugnissen die persönliche und lernstandsbezogene Entwicklung geschildert. Nicht von außen herangebrachte Kriterien, sondern die persönliche Entwicklung wird nachvollzogen. So wird ein stress- und angstfreies Lernumfeld geschaffen (Liebenwein & Barz & Randoll 2012, S. 8).

> „Jeder muss Leistung bringen und das sehen die Lehrer. Wir haben eine in der Klasse, der fliegt alles zu, die ist in einem Fach super und es gibt welche, die sich wirklich anstrengen und bleiben auf einer drei oder vier und das sehen die Lehrer auch und so schreiben die das auch ins Zeugnis rein. (Schülerin 10a)“
>
> „Ich finde es eigentlich gut, dass man, wenn man sich angestrengt hat und trotzdem nicht gut war, dass der Lehrer einem auch sagt, dass man gut für seine Verhältnisse mitgearbeitet hat und nicht da eine Note steht, die total deprimierend ist. (Schüler 9h)“ (Liebenwein & Barz & Randoll 2012, S. 128).

Schüler*innen und Eltern können die Entwicklung in den verschiedenen Bereichen nachvollziehen und erfahren, wo die Stärken der oder des Heranwachsenden liegen und wo sie oder er Unterstützung oder Förderung benötigt.

In der 10. oder 11. Klasse treten neben die Textbeurteilungen zur Vorbereitung der nahenden Abschlüsse erstmals Noten (de Vries 2014). Die Lehrenden bereiten ihre Klassen weit im Voraus auf diesen Paradigmenwechsel vor, um den Bruch mit dem Gewohnten nicht als Zäsur, sondern als Übergang wahrzunehmen. So werden die Noten niemals unkommentiert in die Zeugnisse geschrieben, sondern ergänzen die weiterhin üblichen Texte. In unserer Gesellschaft spielen Beurteilungssystem eine wichtige Rolle. Ob diese immer sinnvoll, zielführend und gerecht sind, ist eine andere Frage. Noten sind das direkte Feedback auf eingeforderte Leistungen. Man kann sie in unterschiedlicher Weise interpretieren. Wie eine Schülerin oder ein Schüler ihre bzw. seine Benotung aufnimmt, hängt wesentlich von der Kommunikation der Lehrerin bzw. des Lehrers ab. Zur persönlichen Reife einer oder eines jeden Einzelnen gehört so oder so die Fähigkeit, Kritik anzunehmen und mit ihr umzugehen. Eine Fünf in Mathe werden die wenigsten als eine Form förderlicher Kritik verstehen, aber selbst in solch einem Urteil steckt eine Chance: Du kannst es besser. Du darfst dich nicht nur auf deine Fähigkeiten verlassen, sondern auch auf deinen Fleiß. Sei ruhig ein wenig ehrgeiziger. Pech gehabt, das kann vorkommen, beim nächsten Mal läuft es besser. Oder vielleicht auch: Sei nicht so traurig, Mathe ist eben nicht deine Stärke. Leider müssen wir da durch. Du hast andere Talente, aber selbst in Mathe bist du nicht talentlos. Die Botschaften, die die Lehrerschaft den Kindern und Jugendlichen bisher individuell gab, hören mit der Notenvergabe nicht auf, im Gegenteil, sie werden nun noch wichtiger. Tatsächlich spielen Noten im realen Leben nie die Rolle, die sie in Bildungs- und Qualifizierungssystemen einnehmen. Dennoch haben sie in einer sich als meritokratisch verstehenden Gesellschaft ihre Funktion, weil sie dem Gedanken der Chancengleichheit ein Fundament geben. Der Übergang zur Benotung leitet damit auch die Lebensphase ein, in der sich die Schüler*innen bewusstwerden, dass sich der Schutzraum der Waldorfschule nun langsam öffnet und der Weg ins Leben hinaus näher rückt. Untersuchungen, aber auch die praktischen Erfahrungen der Lehrenden zeigen, dass dieser Übergang weniger problematisch ist, als man vermuten könnte.

Die Untersuchung von Liebenwein, Barz und Randoll (2012, S. 129) zeigt, dass rund die Hälfte der Oberstufen-Schüler*innen Leistungskonkurrenz und Leistungsdruck wahrnimmt. Knapp 90 Prozent der Schüler*innen der elften Klasse berichten eine Zunahme der Leistungsansprüche in den letzten beiden Schuljahren. Das steht wohl mit den näher rückenden Abschlussprüfungen in Zusammenhang. Auffällig ist, dass der zunehmende Leistungsdruck zu keiner steigenden Leistungskonkurrenz in den Jahrgangsklassen führt:

> „Dieser Stress kommt erst die letzten Jahre. Leistungsdruck kommt jetzt [...] Da gibt es eine große Bandbreite, weil ja die Leute auch vorher nicht aussortiert werden. Außer es gibt in der 10./11. die Möglichkeit in die Mittlere Reife-Richtung zu gehen. Es ist interessant, dass wir total viele verschiedene Begabungen in einer Klasse vereint haben. Die einen waren eher praktisch begabt und hätten auf der Regelschule Probleme gehabt, aufs Gymnasium zu kommen, die anderen waren schon immer gut und bei manchen hat sich das alles ein bisschen später entwickelt. Die waren Nieten und haben sich entwickelt und sind jetzt richtig gute Schüler. (Schüler 13)“ (Liebenwein & Barz & Randoll 2012, S. 55).

Der Fokus des Oberstufenunterrichts liegt nicht ausschließlich auf Tests und Klausuren, sondern auf einer ganzheitlicheren Bewertung. Statt regelmäßiger Klausuren verwenden Waldorfschulen eine Vielzahl von Bewertungsmethoden, darunter mündliche Präsentationen, kreative Projekte, Portfolios, praktische Prüfungen, Werkstücke und Leistungsbeurteilungen im Rahmen des laufenden Unterrichts. Diese vielfältigen Bewertungsmethoden ermöglichen es den Heranwachsenden, ihr Wissen und ihre Fähigkeiten auf unterschiedliche Weise zu erweitern und zu demonstrieren und bieten weiterhin Raum für individuelle Entfaltung und Kreativität (de Vries 2022, S. 43).

Anstatt sich auf den nächsten Test vorzubereiten oder in sogenanntes „Bulimie-Lernen“ zu verfallen, indem die Schüler*innen erst kurz vor der Klausur zu lernen beginnen und das Gelernte anschließend wieder vergessen, konzentrieren sie sich darauf, ihr Wissen zu vertiefen, kritische Denkfähigkeiten zu entwickeln und ein tieferes Verständnis für die behandelten Themen zu erlangen, und schätzen das Lernen als einen Prozess der persönlichen Entwicklung und Entfaltung, statt nur als Mittel zum Erreichen guter Noten (Kapferer 2024, S. 117). Dieser Gedanke kann nicht hoch genug bewertet werden. Eigentlich sprechen wir hier von einer Selbstverständlichkeit, die sich im Humboldt'schen Bildungsbegriff manifestiert hat. Wilhelm von Humboldt stütze sich dabei auf die griechische Antike, wonach die Ausbildung sich auf alle Fähigkeiten eines Menschen zu richten habe (Tenorth 2013). In den letzten Jahrzehnten wurde Humboldt von einem Effizienzdenken verdrängt, das sich am kapitalistischen Nutzwert des Menschen und seiner Fähigkeiten orientiert. Ausgerechnet die Universitäten, die bis dato den Grundsatz von Freiheit und Lehre vertreten hatten, wurden im sogenannten Bologna-Prozess dahingehend reglementiert. Heute treffen Professor*innen auf Student*innen, die weitaus mehr Interesse an Credit-Points haben als an der Befriedigung ihrer Bildungssehnsüchte. Neugier weicht dem Prinzip des *cui bono*. Der Unterricht reduziert sich auf einen Dienstleistungsbegriff (Winter 2015). Ob ein Mensch glücklicher ist, wenn er seinen Nutzwert optimiert, darf bezweifelt werden. Aber der Zeitgeist macht nicht vor den Schulen halt.

Der Ansatz, Erfolg nicht nur durch äußere akademisch Leistungen zu definieren, sondern auch durch persönliche Zufriedenheit und Sinnhaftigkeit im Leben, findet Anklang. 83,9 Prozent der Waldorfschüler*innen stimmten in einer empirischen Untersuchung der Aussage zu „Ich bin überzeugt, dass ich in Prüfungen gute Leistungen erzielen kann“ (Liebenwein & Barz & Randoll 2012, S. 7, vgl. S. 79 ff.). Knapp 80 Prozent der Schüler*innen haben Freude am Lernen und finden den Unterricht interessant (ebd., S. 201).

9.4 Die Verbindung von Waldorf-Jugendpädagogik und staatlichen Abschlüssen

Die Waldorfschulen orientieren sich an dem von Rudolf Steiner entwickelten Menschenbild und nicht an den staatlichen Schulabschlüssen. Die Oberstufe bereitet aber auch auf die staatlichen Schulabschlüsse vor. Was theoretisch wie ein Widerspruch klingt, hat sich in der Praxis als nicht widersprüchlich gezeigt (König 2021). Die Schüler*innen können an Waldorfschulen alle staatlichen Schulabschlüsse des jeweiligen Bundeslandes erwerben: Haupt- und Realschulabschluss, Abitur und unter bestimmten Umständen den schulischen Teil der Fachhochschulreife.

Die Bestimmungen in den Bundesländern weichen voneinander ab. Da in einigen Bundesländern, etwa in Hessen und teilweise in Hamburg, die gymnasialen Oberstufen der Waldorfschulen staatlich anerkannt sind, können diese die staatlichen Abschlüsse selbst abnehmen. Zumeist jedoch finden Abitur und die mittleren Schulabschlüsse als externe Prüfungen statt. Die schriftlichen Arbeiten werden sowohl von dem Waldorffachlehrer oder der Waldorffachlehrerin als auch von einer Lehrkraft einer anderen Schule, einer staatlichen Schule oder einer Waldorfschule, korrigiert. Eine Kollegin oder ein Kollege einer staatlichen Schule übernimmt den Prüfungsvorsitz, und Kolleg*innen aus staatlichen Schulen wirken bei den mündlichen Prüfungen mit, wobei der prüfende Fachlehrer oder die prüfende Fachlehrerin der Waldorflehrer oder die Waldorflehrerin ist, welche*r die Schüler*innen kennt. Die Prüfungsordnungen orientieren sich in den meisten Bundesländern an den sogenannten „Nicht-Schüler*innen-Prüfungen“. Die schriftlichen und mündlichen Prüfungsfächer regelt die Prüfungsordnungen des jeweiligen Bundeslandes. Die Didaktik und Methodik der Waldorfschulen führt zu guten Ergebnissen:

> „Obwohl unsere Jugendlichen in den vergangenen vier Jahren viel Zeit in Projekten, Exkursionen, Freiarbeit und Praktika verbracht hatten, lagen viele Ergebnisse (der zentralen Realschulprüfung) über dem Landesdurchschnitt. Wir brauchten erst dieses Ergebnis, das sich seitdem kontinuierlich bestätigt, um aus dem obwohl ein weil zu machen“ (Kegler 2009, S. 53).

Rohde hat für das Leistungsfach Biologie im hessischen Landesabitur empirisch untersucht, dass „die Abiturnoten der Biologieprüfung der hessischen Waldorfschüler*innen [sich] im selben, tendenziell sogar höheren Bereich bewegen als die der Regelschüler*innen“ (Rohde 2022, S. 248).

An den meisten Waldorfschulen wird der Realschulabschluss am Ende der Waldorfschulzeit, nach der 12. Klasse abgelegt. Eine 13. Klasse bereitet gezielt auf das Abitur vor. Die empirische Untersuchung unter ehemaligen Absolvent*innen von Waldorfschulen von Randoll und Peters hat ergeben, dass 71,2 Prozent der befragten Absolvent*innen die Schule mit dem Abitur verlassen haben, weitere 9,1 Prozent mit der Fachhochschulreife oder der fachgebundenen Hochschulreife. In deutschen Mittel haben 2020 47,7 Prozent der Schüler*innen mit dem Abitur oder der Fachhochschulreife die Schule beendet (Randoll & Peters 2021, S. 30). Den Realschulabschluss legten 13,7 Prozent der Waldorfschüler*innen ab, der Mittelwert 2020 betrug 29,8 Prozent. Diese empirischen Untersuchungen zeigen, dass Schüler*innen an Waldorfschulen im Verhältnis höhere Schulabschlüsse erlangen als an staatlichen Schulen.

Im Jahre 2008 wurden die berufsorientierten Waldorfberufskollegs ins Leben gerufen, die den staatlichen Abschluss der allgemeinen Fachhochschulreife verleihen. Einige Schulen, unter anderem die Emil-Molt-Akademie in Berlin und mehrere Waldorfschulen in Nordrhein-Westfalen bieten diese Ausbildung mit den Fachrichtungen Wirtschaft, Sozialpädagogik, Sozial- und Gesundheitswesen, Gestaltung, Technik, Biologie, Chemie oder Physik an (Gabriel 2018). Dieses Konzept knüpft an den Gedanken der lebenspraktischen Ausrichtung an, der für die Waldorfschulen grundlegend ist.

Am Ende der Waldorfschulzeit steht neben den staatlichen Abschlüssen der Waldorfabschluss. Jede Waldorfschule vergibt eigenverantwortlich den Waldorfabschluss, daher unterscheiden sich die Inhalte in Detail. Im Waldorfabschluss zeigen die Jugendlichen die Bandbreite des Erlernten: Sie führen ein selbst inszeniertes Klassenspiel und künstlerische Projekte aus den Bereichen Musik und Eurythmie auf, verfassen eine Jahresarbeit, präsentieren im handwerklichen und praktischen Unterricht entstandene Werkstücke, und unternehmen oft auch eine Kunstfahrt. Zurzeit (Stand 2024) gibt es Überlegungen und Ansätze, neue Bewertungs- und Prüfungsformen zu schaffen (de Vries 2014, 2016; Hoffmann & Götz 2016; Freitag 2023).

Insgesamt bietet die Waldorf-Jugendpädagogik in Deutschland vielfältige Möglichkeiten zum Erwerb staatlicher Abschlüsse, die den Schüler*innen einen erfolgreichen Übergang in das weitere Bildungssystem ermöglichen. Dabei wird der ganzheitliche Ansatz der Waldorfschulen beibehalten, der die individuelle Entwicklung und Entfaltung in den Mittelpunkt stellt. Gerade für Schüler*innen, die in eine praktische Ausbildung gehen, ist die Waldorfschule gegenüber anderen Schulformen ein echter Vorteil im Wettbewerb um eine Stelle. Unter Arbeitgeber*innen hat es sich rumgesprochen, dass Absolvent*innen aus Waldorfschulen insgesamt umgänglich und teamorientiert sind. Die wenigsten haben „zwei linke Hände" oder reagieren egozentriert (Lebedowicz 2014). Das sind Eigenschaften, die im Berufsleben wichtiger sind als das Curriculum der Staatsschulen oder beste Schulnoten. Arbeitgeber schätzen junge Leute, die beim Lösen von Problemen helfen, statt diese zu verursachen. Das so genannte Onboarding, wie man die Einarbeitungszeit heute neudeutsch nennt, ist für die Absolvent*innen der Waldorfschulen etwas, was ihnen in der Regel leicht gelingt.

9.5 Unterstützung durch Mentoren, Lehrkräfte und Beratungsdienste

Die „Allgemeine Menschenkunde" von Rudolf Steiner (Steiner 2019a) ist als Basis des Waldorfunterrichts auch Basis für die Oberstufe, auch wenn der Schulabschluss durch die Ansprüche des jeweiligen Kultusministeriums definiert wird und auf die Befindlichkeiten der Schulform keine Rücksicht nimmt. In der Praxis sind Oberstufenlehrer*innen, die sich als Waldorfpädagog*innen den Erfordernissen eines staatlichen Abschlusses stellen, nur ein Teil des Lehrkörpers der Oberstufe. Gerade in Zeiten des Lehrer*innenmangels finden auch viele Quereinsteiger*innen in diesen Beruf, die zwar ein Interesse an der Waldorfpädagogik haben, oft aber über keine vertieften Kenntnisse verfügen. Deren Onboarding besteht neben allerlei praktischen Details des Berufsalltags dann auch darin, ihnen die Möglichkeit für eine systematische Einarbeitung in die Grundlagen des Unterrichtsgeschehens zu geben. Rudolf Steiner schreibt in der „Allgemeinen Menschenkunde" am Ende des ersten Vortrags über die innere Haltung von Waldorflehrer*innen:

> „Es ist einmal ein großer Unterschied, [...], ob der Lehrer in die Schule durch die Klassentür zu einer kleineren oder größeren Anzahl von Schülern hineingeht oder der andere Lehrer. Es ist ein großer Unterschied, und der liegt nicht bloß darin, dass der eine Lehrer geschickter ist, die äußeren pädagogischen Handgriffe so oder so zu machen, als der andere; sondern der hauptsächliche Unterschied, der wirksam ist beim Unterricht, rührt her von dem, was der Lehrer in der ganzen Zeit seines Daseins an Gedankenrichtung hat, die er durch die Klassentür hereinträgt. Ein Lehrer, der sich beschäftigt mit Gedanken vom werdenden Menschen, wirkt ganz anders auf die Schüler als ein Lehrer, der von alledem nichts weiß, der niemals seine Gedanken dahin lenkt" (Steiner 2019a, 1. Vortrag, S. 16).

Ein Waldorflehrer oder eine Waldorflehrerin verbindet sich mit den Schüler*innen. Ihr Verhältnis ist geprägt von Vertrauen und einer Offenheit. Das Ziel der Waldorfpädagogik besteht darin, dass die Schüler*innen mit Freude arbeiten und glücklich werden können. Das beinhaltet, dass sie am Leben interessiert sind und auf das Leben nicht nur mit dem Verstand, sondern mit der ganzen Persönlichkeit reagieren können. Es genügt nicht, die intellektuellen Fähigkeiten zu entwickeln. Es müssen sowohl die intellektuellen wie die emotionalen Kräfte entwickelt werden. Die Pädagogik muss den Bedürfnissen und Fähigkeiten der Jugendlichen angepasst sein. Dieses hohe Ziel mag nicht immer erreicht werden, aber es wird deshalb nicht ungültig. Für Oberstufenlehrende stellen sich damit zwei große Fragen: Wie realisiere ich das Bildungsideal, das die Schule von mir erwartet (bzw., dass ich von mir erwarte) und wie das Examensziel, das staatlich vorgegeben ist. Die Waldorf-Jugendpädagogik ermöglicht es, beide Ziele als komplementär und nicht konfrontativ zu begreifen.

Wenn Disziplin erzwungen wird, erregt sie ebenso wie Bestrafung Angst, und Angst erzeugt Feindseligkeit. Jedoch darf Freiheit nicht mit Zügellosigkeit verwechselt werden. Lehrer*innen und Schüler*innen müssen sich mit Achtung und Wertschätzung begegnen. Wenn der Heranwachsende sich zu einem gesunden Erwachsenen entwickeln soll, so muss er lernen, eigenständig mit seiner sozialen Umwelt fertigzuwerden. Er muss die Welt geistig, emotional und künstlerisch erfassen lernen. Die Lehrenden begleiten die Heranwachsenden auf diesem Weg. Man muss ihnen Respekt bezeugen. Trotz eines fordernden Schulalltags mit vielfältigen Herausforderungen auf allen Ebenen und trotz der zeitintensiven und oft auch persönlich anstrengenden Arbeit in der Selbstverwaltung gelingt es ihnen, die anspruchsvollen Ziele weitestgehend zu erreichen. Die Schüler*innen attestieren ihren Lehrer*innen mehrheitlich Empathie und Einfühlungsvermögen. Rund drei Viertel sind der Ansicht, dass ihre Lehrer*innen viel tun, um ihnen zu helfen, und fast 85 Prozent bescheinigen ihnen, dass sie auf die Meinung der Schüler*innen Wert legen. Jeweils rund 65 Prozent sagen, dass die Lehrer*innen die Inhalte so lange erklären, bis sie verstanden werden und dass sie die Lehrfortschritte jeder und jedes einzelnen ihrer Schüler*innen im Blick haben. (Liebenwein & Barz & Randoll 2012, S. 90). Die Waldorfschüler*innen sind der Ansicht, dass sie mit ihren Lehrer*innen offen über Missliches sprechen können und ein vertrauensvolles Verhältnis zu ihnen haben, die Lehrer*innen sich bemühen, auf ihre Wünsche einzugehen und sie ernst nehmen. Weniger als ein Viertel der Schüler*innen denkt, dass ihre Lehrer*innen einzelne Schüler*innen bevorzugen (Liebenwein & Barz & Randol 2012, S. 95). Auch in der empirischen Untersuchung von Randoll und Peters geben 81,2 Prozent der befragten Ehemaligen an, dass die meisten Lehrkräfte Verständnis für ihre Sorgen und Nöte hatten und 87 Prozent der Befragten sagen aus, dass das Verhältnis zwischen Schüler*innen und Lehrer*innen durch gegenseitige Wertschätzung und Rücksichtnahme geprägt war (Randoll & Peters 2021, S. 54).

Lehrkräfte werden von den Schülerinnen und Schülern jährlich als Vertrauenslehrer*innen gewählt. Auch ältere Schüler*innen dienen als Mentor*innen und Ratgeber*innen. Viele Waldorfschulen haben die Kultur von Patenklassen entwickelt, in dem die Oberstufenschüler*innen ihren jüngeren Patenklassen Unterstützung, Orientierung und persönliche Begleitung anbieten. An Waldorfschulen gibt es noch weitere Anlaufstellen für die Jugendlichen. Die Lehrkräfte und Geschäftsführer*innen unterstützen die Schülerinnen und Schülern bei der Kontaktaufnahme zu externen Beratungsdiensten, um sie bei der Bewältigung von persönlichen, sozialen oder emotionalen Problemen zu unterstützen. Dies kann Themen wie Prüfungen, Stressbewältigung, Konfliktlösung, Beziehungsprobleme, Angstzustände oder Depressionen umfassen. Das System von Mentor*innen und Beratungsdiensten schafft ein positives Schulklima, in dem Offenheit, Vertrauen und gegenseitige Unterstützung gefördert werden. Nicht für jedes Problem gibt es eine Lösung, dies zu glauben, wäre naiv. Aber für jedes Problem gibt es Ansprechpartner*innen. Das Versprechen „You'll never walk alone", Refrain und Titel eines der berühmtesten Songs der Neuzeit, könnte auch das Motto der Waldorf-Schulen sein.

10 Soziale Integration und Gruppendynamik

10.1 Förderung von Teamarbeit und Zusammenarbeit

Kaum ein Begriff hatte in unseren Zeiten solch eine Konjunktur wie der des Teams. Teamorientierung und Teamfähigkeit gelten als Schlüsselkompetenzen. Eine ganze Beraterindustrie hat sich zur Förderung des Teamgedankens gebildet. Zu einem Team gehören mindestens zwei Personen, auch wenn man da wohl eher von einem Paar sprechen sollte. Vorgesetzte, die bislang eine Gruppe von Untergebenen anleiteten, führen heute Teams. Es lohnt sich also, auch beim Nachdenken über das „Team" immer kritisch hinzuschauen. Ein Team ist gemäß gängiger Definition eine Gruppe von Menschen, die gemeinsam eine Lösung suchen oder ein Ziel verfolgen. Rudolf Steiner hat den Teamgedanken gefördert, aber er hat nicht im Team geschrieben.

Waldorfschulen legen großen Wert darauf, dass die Jugendlichen lernen zusammenzuarbeiten, Konflikte konstruktiv zu lösen, auf die Ideen anderer einzugehen, die individuellen Stärken und Fähigkeiten zu respektieren und sich gegenseitig zu unterstützen, um gemeinsame Ziele zu erreichen. 90 Prozent der von Randoll und Peters befragten Ehemaligen bewerten den Einfluss der Waldorfschule auf ihre Fähigkeit, auf Schwächere Rücksicht zu nehmen als positiv; 85 Prozent der Befragten bestätigen, dass die Waldorfschule ihre Fähigkeit gefördert hat, im Team etwas Gemeinsames zu erarbeiten; 80 Prozent der Befragten sagen dies über ihre Fähigkeit, Konflikte gemeinsam mit anderen zu lösen und über ihr Interesse, sich mit anderen Meinungen auseinanderzusetzen (Randoll & Peters 2022, S. 60; Weiss & Willmann 2021, S. 57). Rund 90 Prozent der Schüler*innen fühlen sich an ihrer Schule wohl (Liebenwein & Barz & Randoll 2012, S. 199).

Waldorfklassen sind in der Regel Jahresklassen, in denen die Schülerinnen und Schüler von der ersten Klasse bis zum Ende der Waldorfschulzeit zusammenbleiben. Es gibt keine Selektion über Leistungen. Dadurch entsteht eine Klassengemeinschaft, welche die einzelnen Schüler*innen trägt. Diese Klassengemeinschaft ist in mehrfacher Hinsicht heterogen, von Alter der Jugendlichen jedoch homogen. Die von Randoll und Peters (2022, S. 38) befragten Absolvent*innen von Waldorfschulen heben den langjährigen Klassenzusammenhalt und die persönliche Wertschätzung, die sie erfahren haben, positiv hervor. Ebenfalls loben sie das „breite und kreative Unterrichtsangebot, […] Teamgeist, gegenseitige Hilfe und Unterstützung, Anerkennung der Fähigkeiten des Mitschülers, Toleranz und Respekt" (ebd.).

Teamarbeit wird in verschiedenen Unterrichtsfächern und außerschulischen Aktivitäten gefördert. Dies kann in Form von Gruppenarbeiten, Gruppenprojekten, gemeinsamen praktischen Aktivitäten, Ausflügen, Sportveranstaltungen, Theateraufführungen und anderen kooperativen Aufgaben geschehen. Auch gemeinsame Veranstaltungen wie Schulversammlungen und Monatsfeiern fördern ein Gefühl der Zusammengehörigkeit und stärken den Zusammenhalt innerhalb der Schulgemeinschaft.

10.2 Der Schülerrat und die SMV

Die Kommunikation zwischen Individuen findet zu einem großen Teil in Institutionen und über Institutionen statt. Der jeweilige Rahmen legt auch die jeweiligen Regeln der Interaktion fest, seien diese formell oder informell. In den Waldorfschulen prägt insbesondere die Selbstverwaltung mit ihren jeweiligen Zuständigkeitsbereichen das Geschehen. Der Zusammenschluss von Individuen zu Gemeinschaften reduziert die Komplexität, vereinfacht Verhandlungsprozesse und gibt Orientierung. In dieses Gerüst sind die Schüler*innen durch eigene Gremien eingebunden.

Die Jugendlichen gestalten durch Klassensprecher*innen, den Schülerrat oder die Schüler*innen-Mitverantwortung (SMV) die Entscheidungsprozesse der Schule mit und können sich so als ein Teil einer größeren Gemeinschaft fühlen. Das Prozedere ist an jeder Waldorfschule etwas anders, läuft im Wesentlichen jedoch folgendermaßen ab:

Zumeist ab der 7. Klassenstufe wählt jede Klasse zu Beginn des Schuljahres je einen Klassensprecher oder eine Klassensprecherin und dessen oder deren Stellvertreter*in. Diese Klassenvertreter*innen bilden den Schülerrat. Der Schülerrat wählt aus seiner Mitte den Schülersprecher oder die Schülersprecherin und zwei Stellvertreter*innen. Der Schülerrat bildet an vielen Schulen zugleich die SMV. An anderen Schulen werden weitere Schüler*innen aus den Klassen der Oberstufe gewählt, um in der SMV mitzuwirken.

Die SMV organisiert Projekte und unterschiedliche Veranstaltungen wie eine „Schoko-Nikolaus Verschenk Aktion“ oder eine „Valentinstag Blumen Verschenk Aktion“, einen Getränke Stand bei Schulfesten, einen Wintersporttag, ein Fastnachtsfest oder einen Sommerball und trägt dadurch zu einem abwechslungsreichen und positiven Schulalltag bei.

Vor allem aber ist es Aufgabe der SMV, den Schüler*innen gegenüber dem Lehrkollegium und der Geschäftsführung eine Stimme zu verleihen und ihnen eine Möglichkeit zu bieten, an der Gestaltung oder Veränderung der Schule mitzuwirken. Sie trägt also die Anliegen, die in den SMV-Sitzungen besprochen werden, weiter an die Schulleitung, die Lehrerkonferenz, den Elternvertreter*innenkreis oder den Vorstand. Die Arbeit der SMV wird durch einen Vertrauenslehrer oder eine Vertrauenslehrerin unterstützt, der oder die von den Schüler*innen gewählt wird.

Die SMV steht auch mit anderen Waldorfschulen in Verbindung, beispielsweise durch die Sitzungen des Landesschülerrats oder der Waldorf-Landesschülervertretung (W-LSV) (https://waldorfsv.de/bildungspolitische-sektion/w-lsven/). Die Vertreter*innen der 57 Waldorfschulen von Baden-Württemberg etwa treffen sich vier bis sechs Mal im Jahr in Stuttgart, um aktuelle Themen und Anliegen zu besprechen. Hier kommen etwa 60 Schüler*innen zusammen und beraten über Themen wie die Digitalisierung, das Schutzkonzept oder die Gestaltung der Oberstufen. Zweimal jährlich findet eine W-LSV Klausurtagung der Waldorf-Landesschüler*innenvertretungen statt. Ebenfalls zweimal jährlich tagt die Bundesschüler*innentagung (BST), die allen Schüler*innen von Waldorfschulen offensteht.

2002 wurde auf Bundesebene die WaldorfSV-Bundesschülervertretung der Freien Waldorfschulen (WaldorfSchülerVertretung) an der Freien Waldorfschule Loheland gegründet (https://waldorfsv.de). 2023 wurden außerdem die philosophische und die bildungspolitische Sektion gegründet. Die philosophische Sektion organisiert die Bundesschülertagung (BST) und die W-LSV Klausurtagung und wirkt bei der Planung der International Students' Conference (ISC) mit. Die bildungspolitische Sektion der WaldorfSV vertritt die Schüler*innen gegenüber dem Bund der Freien Waldorfschulen und der Öffentlichkeit. Sie steht in Kontakt mit staatlichen Schülervertretungen wie der Bundesschülerkonferenz (WaldorfSV 2021).

Die Jugendsektion am Goetheanum in Dornach (https://youthsection.org/en) organisiert alle zwei Jahre die International Students' Conference (International Students' Conference 2024). Hier kommen rund 600 Schüler*innen des letzten Jahrgangs von Waldorfschulen aus aller Welt zusammen, hören Vorträge und diskutieren in Arbeitsgruppen aktuelle Anliegen.

Engagierte Jugendliche erhalten durch diese vielfältigen Strukturen die Möglichkeit, ihre Anliegen zu vertreten und im Kreis Gleichgesinnter zu diskutieren. Außerdem erhalten sie die Gelegenheit, sich national und international zu vernetzen. Die Institutionen geben den Anliegen der Schüler*innen ein größeres Gewicht. Die Mandatierung von Vertreter*innen durch die Gemeinschaft ist gleichbedeutend mit einer Machtübertragung. Macht wird an Waldorfschulen grundsätzlich im Sinne von Gestaltung und nicht von Verhinderung gesehen. Egal, ob die Kommunikation der Schülerschaft mit dem Lehrkörper kontroverse oder unstrittige Inhalte betrifft, der institutionelle Rahmen schafft Verbindlichkeit und Wertschätzung. So lernen die Schüler*innen nicht nur, dass ihre Stimme einen Wert hat, sondern sie lernen über diesen Weg, wie Demokratie sowohl in der Schule als auch generell funktioniert. Wie immer im Leben ist nicht jede Initiative von Erfolg gekrönt. Das müssen auch die Schüler*innen und ihre Sprecher*innen da und dort erfahren. Aber der tiefere Sinn liegt nicht nur im Ziel, sondern im Prozess. In kommunikativen und regelbasierten Systemen ist der Einzelne nicht allein, sondern Teil einer Interessengemeinschaft. Engagement lohnt sich, weil es Gefühle von Schwäche und Scheitern zulässt und zeigt, dass man selbst als Individuum auch in schwierigen Lagen Unterstützung erfährt.

10.3 Prävention von emotionaler Gewalt und Missbrauch

Es wäre schön, wenn gute Absichten zu guten Wirkungen führen. In der Schule sind nach Rudolf Steiner sämtliche Handlungen darauf gerichtet, das Gute, Schöne und Wahre (König 2023) zu fördern. Aber die Waldorf-Schule ist kein perfekter Schonraum. Und damit ist sie offen für Negatives aus der Außenwelt, ohne dies zu begünstigen oder zu akzeptieren. Innerhalb der Schulen nehmen gewalttätiges Verhalten, Übergriffe und sexuelle Gewalt, die die Heranwachsend sich gegenseitig antun, zu. Die Jugendlichen verschicken in den sozialen Medien mit ihrem Handy oder Smartphone Fotos aus dem Internet, Selfies oder Aufnahmen aus dem Schulalltag. Das ruft Angst, Scham und Zweifel hervor und beeinträchtigt das Vertrauen innerhalb der Schulgemeinschaft.

Waldorfschulen setzen auf präventive Maßnahmen und Aufklärungskampagnen, um (Cyber-)Mobbing und Beleidigung, Gewalt und Vandalismus vorzubeugen. Die Lehrkräfte legen Wert darauf, dass Gefühle, Bedürfnisse und Grenzen klar kommuniziert werden. Dazu gehört auch die Fähigkeit, *Nein* zu sagen, wenn Bedürfnisse nicht erfüllt werden oder wenn eine Situation eintritt, in der man sich unwohl fühlt. Sie klären über die verschiedenen Formen von emotionaler Gewalt, wie Manipulation, Kontrolle, Demütigung, Isolation und Erpressung, und Missbrauch auf. Die Erhebung von Liebenwein, Barz und Randoll (2012, S. 204) ergibt, dass Ausgrenzungen und Mobbing auch an Waldorfschulen, allerdings in nur geringem Maße vorkommen: Knapp 20 Prozent der Waldorfschüler*innen berichten von Ausgrenzung in ihrer Klasse, knapp zehn Prozent der Befragten haben erlebt, dass ein*e Mitschüler*in sie oder ihn fertig machen wollte und knapp acht Prozent der Befragten wurden selbst ausgegrenzt.

Die Zeit in der Oberstufe ist geprägt von der Suche nach der eigenen Identität innerhalb verschiedener sozialer Kontexte und kultureller, ethnischer, religiöser und anderer Gruppen. Die Heranwachsenden hinterfragen und definieren ihre eigene Rolle in der Gesellschaft und entwickeln ein Bewusstsein für gesellschaftliche Ungleichheiten und Ungerechtigkeiten. Häufig identifizieren sie sich in dieser Phase der persönlichen Entwicklung mit Gleichaltrigen und suchen Unterstützung in Peergroups (Largo & Czernin 2017, S. 168 ff.). Die Interaktionen mit Gleichaltrigen können sowohl positive als auch negative Auswirkungen auf das Selbstbild haben. Auf der einen Seite bieten sie Unterstützung, Bestätigung und die Möglichkeit zur sozialen Integration. Auf der anderen Seite können sie auch zu Gruppendruck, Konformität und Selbstzweifeln führen, insbesondere wenn das individuelle Selbstbild von den Normen der Gruppe abweicht.

Die Lehrkräfte vermitteln, Konflikte auf konstruktive und gewaltfreie Weise zu bewältigen. Empathie und die Kompetenz, sich in die Lage anderer zu versetzen und sich bewusst zu machen, wie Worte und Handlungen die Gefühle anderer beeinflussen können, tragen zu Konfliktlösungen bei. Konflikte werden offen angesprochen. Dies trägt dazu bei, Missverständnisse zu vermeiden, Konflikte frühzeitig zu erkennen und gemeinsam nach Lösungen suchen, bevor diese zu ernsthaften Problemen eskalieren. Dies kann durch Peer-Mediation, Schlichtungsprogramme und Konfliktlösungsworkshops erfolgen. Darüber hinaus werden alternative Kommunikationsstrategien wie das aktive Zuhören, das Vermeiden von Schuldzuweisungen und das Formulieren von Ich-Botschaften vermittelt. Diese Techniken fördern eine offene und respektvolle Kommunikation, die es den Beteiligten ermöglicht, ihre Anliegen klar zu äußern, ohne den anderen zu verletzen oder zu verurteilen. Der Bund der Freien Waldorfschulen hat hierzu umfassende Richtlinien publiziert (Gewaltprävention 2024).

Der oder die Lehrer*in als Problemlöser*in kann allerdings nur dort tätig werden, wo er oder sie konkrete Hinweise sieht. Manche (digitale) Welten, in denen sich Jugendliche bewegen, sind den Lehrenden ganz oder teilweise fremd. Die Sensibilisierung aller ist nötig, um Schüler*innen mit Problemen frühzeitig ein Hilfsangebot zu machen. Die Lehrerin oder der Lehrer ist hierbei der Orientierungs- oder Ankerpunkt, aber die eigentliche Prävention und Unterstützung beginnt in der Klassengemeinschaft.

10.4 Entwicklung der Fähigkeit zum selbstständigen Denken und Urteilen

Immanuel Kants berühmtes Diktum, wonach Unmündigkeit das Unvermögen sei, sich seines Verstandes ohne Leitung eines anderen zu bedienen (Kant 1784), ist die große Herausforderung, die in dieser Lebensphase beginnt. Der junge Mensch lässt schrittweise die Unmündigkeit hinter sich und wird mündig. Er wird dabei auf vielfältige Probleme stoßen, Unsicherheit und Zweifel erleben, er wird seine Fähigkeiten über- und unterschätzen, er wird richtige, falsche und halb-richtige Urteile fällen und diese wieder verwerfen, er wird sich stark, schwach, verloren, siegessicher, zuversichtlich und orientierungslos fühlen. Er wird – in einem Wort – *langsam* erwachsen. Kant warf seinen Leser*innen 1784 eine „selbst verschuldete Unmündigkeit" (ebd.) vor, denn damals wie heute hat das Geschenk der Freiheit auch etwas Bedrohliches. Das Verharren in der Unmündigkeit, wie es heute in etlichen autoritären oder diktatorischen Staaten die Regel ist, gibt Sicherheit, allerdings auf Kosten sämtlicher Chancen einer individuellen Entwicklung. Die Emanzipation des Bürgertums hingegen, die seit zwei-, dreihundert Jahren unsere Gesellschaften inspiriert, führt auf der Basis eines freien Denkens von einer Errungenschaft zu nächsten. Allerdings wird unser Leben dadurch zunehmend bunter, komplexer und verwirrender. Die Jugendlichen finden keine leichten Bedingungen vor, wenn sie sich zur Mündigkeit entwickeln. Auch Rudolf Steiner (1993, S. 74) stellt dar, dass sich Urteilsfähigkeit erst im Jugendalter entwickele:

> „Mit der Geschlechtsreife ist die Zeit gekommen, in der der Mensch auch dazu reif ist, sich über die Dinge, die er vorher gelernt hat, ein eigenes Urteil zu bilden. Man kann einem Menschen nichts Schlimmeres zufügen, als wenn man zu früh sein eigenes Urteil wachruft. Erst dann kann man urteilen, wenn man in sich erst Stoff zum Urteilen, zum Vergleichen aufgespeichert hat" (Steiner 2020b, S. 342; vgl. Steiner 1990, S. 52).

Die Lehrkräfte unterstützen die Jugendlichen, ihr Urteilsvermögen entwicklungsgerecht im Verlauf der vier Oberstufenjahre weiterzuentwickeln. Ab der 9. Klasse lernen die Jugendlichen im Unterricht der Waldorfschulen die Inhalte, Phänomene und Ereignisse nicht nur kennen, sondern erschließen sich diese durch ihr eigenes Urteil. Anhand der fachlichen Inhalte entwickeln die Schüler*innen ihre Denkmuster und Urteilsformen. Sommer zieht für den Unterricht die Schlussfolgerung: „Indem sich das Urteilsvermögen mit der Pubertät steigert, muss diesem durch den Unterricht die Möglichkeit gegeben werden, tatsächlich in die Außenwelt durchzubrechen" (Sommer 2010, S. 36 f.). Fragen werden weniger den Schüler*innen von den Lehrer*innen gestellt, sondern entstehen aus dem Interesse der Schüler*innen selbst. Ausgehend von den Beobachtungen von Rauthe (1990) bezeichnet Zech (2016, S. 39) den Oberstufenunterricht daher als „Erziehung zur Fragefähigkeit". Über 90 Prozent der von Randoll und Peters befragten ehemaligen Waldorfschüler*innen geben an, dass die Waldorfschule ihre Fähigkeit zum kritischen Urteilen und Denken sowie ihre Fähigkeiten, sich selbstständig etwas zu erarbeiten und sich ein eigenes Urteil über einen Sachverhalt zu bilden, gefördert hat. 80 Prozent der Befragten sagen dies über ihre Fähigkeiten, ihre Meinung gegenüber anderen vertreten und ihre eigenen Leistungsfähigkeiten und -grenzen besser einschätzen zu können, und ihre Bereitschaft, sich mit Themen auseinanderzusetzen, die sie weniger interessieren. 78 Prozent der Befragten bescheinigen der Waldorfschule einen positiven Einfluss auf ihre Fähigkeit, mit neuen Medien kritisch umzugehen (Randoll & Peters 2022, S. 58).

Was hier geschieht kann man am einfachsten mit den Worten „Lernen lernen" skizzieren. Der Prozess, sein Urteilsvermögen zu schärfen, hört nie auf. Einmal angestoßen, wird er die Schüler*innen ein Leben lang begleiten. Ein Rückzug in den komfortablen Zustand der Unmündigkeit ist jederzeit möglich, aber er hat seinen Preis. Der individuelle Horizont schrumpft und verengt sich zunehmend. Wir alle kennen Menschen, die mit einem Tunnelblick durchs Leben gehen. Die

Aufgabe der Waldorfschule besteht darin, ihren Schüler*innen einen Sinn für die Freude zu geben, sich immer wieder neu auf Neues einzulassen.

11 Orientierung und Berufswahl

11.1 Reflexion über persönliche Interessen und Fähigkeiten

Warum Waldorf? Häufig sind es die einfachsten Fragen, die am schwierigsten zu beantworten sind. Stellen Sie sich vor, Sie stehen in einem Aufzug und werden gefragt, warum es sinnvoll ist, ein Kind auf eine Waldorfschule zu schicken. Oder warum Sie selbst den Lehrer*innenberuf an gerade dieser Schulform gewählt haben, und nicht etwa eine Beamt*innenkarriere an einer staatlichen Schule? Der Aufzug ist jetzt etwa 30 Sekunden unterwegs und in dieser Zeit haben Sie die volle Aufmerksamkeit Ihres Gegenübers. Was sagen Sie? Diese *Elevator Pitch* (Rosenberg 2015) genannte Übung gehört mittlerweile zum Standardrepertoire im Wirtschaftsleben, wenn es um die Akquise von Geschäftskontakten geht. Lassen sich die Kernargumente für die Waldorf-Jugendpädagogik und die darauf basierenden Lebensentscheidungen in einer halben Minute auf den Punkt bringen? Oder ist das eine Respektlosigkeit gegenüber den vielschichtigen Aussagen Steiners und deren praktischen Auswirkungen bis heute? Beide Fragen lassen sich mit „Ja" beantworten. Der Elevator Pitch ist selbstverständlich nicht die Antwort auf alle Fragen, sondern die Essenz der wesentlichen Positionen. Die Herausforderung besteht darin, die wesentlichen Stichpunkte in einen plausiblen und für jedermann und für sich selbst nachvollziehbaren Zusammenhang zu setzen. Auch wenn man in der Praxis wahrscheinlich selten auf jemanden trifft, dem man einen Elevator Pitch präsentieren möchte, schadet es nicht, sich an dieser Übung zu versuchen. Sie sorgt für eine Ordnung der Gedanken, scheidet das Wesentliche vom Unwesentlichen, das Wertvolle vom Belanglosen, das Hintergründige vom Offenkundigen und sorgt am Ende für eine größere Klarheit über die eigenen Motive und Überzeugungen. Sollte der Pitch erfolgreich sein, wird sich automatisch ein vertiefendes Gespräch anschließen, in dem es kein strenges Zeitregime gibt.

Die empirischen Untersuchungen von Liebenwein, Barz und Randoll (2012, S. 176 ff.) zeigen, dass in vielen Waldorffamilien die Selbstverwirklichung für wichtiger als sehr gute Verdienstmöglichkeiten gehalten wird. Ein abwechslungsreicher Arbeitsplatz und ein auskömmliches Gehalt werden gleichfalls als wichtig angesehen. Eltern und Schüler*innen argumentieren in ähnlicher Weise, was nicht selbstverständlich ist. Sie betonen den Wert eines eigenbestimmten und sinnhaften Lebens, ohne dabei dessen materielle Grundlagen aus den Augen zu verlieren. Idealismus und Realismus werden nicht als Gegensätze, sondern sich ergänzende Momente gesehen. Von der Schule erwarten sie, dass sie die Schüler*innen befähigt werden, ein breites Spektrum von Möglichkeiten zu erkennen und darin den je individuellen Weg zu finden. Deshalb gehört zur Waldorf-Jugendpädagogik immer auch der Bezug zur Berufswelt.

Die Lehrkräfte besuchen mit ihren Klassen örtliche Veranstaltungen, wie Berufs- und Ausbildungsmessen, Vorträge von Fachleuten aus verschiedenen Berufsfeldern, Informationsveranstaltungen zu Ausbildungsmöglichkeiten und Studiengängen oder Tage der offenen Tür an Hochschulen. Diese Veranstaltungen helfen den Jugendlichen dabei, fundierte Entscheidungen in Bezug auf eine Berufswahl zu treffen. Entsprechend fühlen sich rund zwei Drittel der Schüle*innen gut auf das Berufsleben vorbereitet (Liebenwein & Barz & Randoll 2012, S. 147). Die Lehrkräfte unterstützen die Jugendlichen dabei, sich ihrer eigenen praktischen Fähigkeiten, sozialen Kompetenzen und anderen persönlichen Eigenschaften bewusst zu werden, diese realistisch einzuschätzen und zu hinterfragen, was sie in ihrem zukünftigen Beruf oder Studium wirklich erfüllen würde. Die Lehrkräfte sind keine Ausbildungsberater*innen, aber sie leisten wichtige Lotsendienste, die es den jungen Menschen erleichtern, sich zu orientieren.

11.2 Lebenspraktische Erfahrungen durch Praktika und Berufsfelderkundungen

Praktika ermöglichen wertvolle Einblicke in verschiedene Berufsfelder und erweitern das Verständnis für die Arbeitswelt. In der Regel ermöglichen Waldorfschulen in der 9. Klasse ein Landwirtschaftspraktikum, in der 10. Klasse ein Berufspraktikum und in der 11. Klasse ein Sozialpraktikum (Boettger 2014). Die von Randoll und Peters befragten Absolvent*innen bestätigen den positiven Einfluss der Schule auf ihre Lebensweltorientierung (Randoll & Peters 2022, S. 57).

Landwirtschaftspraktika ermöglichen Einblicke in die landwirtschaftliche Praxis und in die Zusammenhänge zwischen Landwirtschaft, Umweltschutz und Ernährung. Dies kann auf Bauernhöfen, in Gärtnereien, ökologischen Betrieben oder in der Landschaftspflege erfolgen.

In Berufspraktika werden Einblicke in ein bestimmtes Berufsfeld oder Unternehmen erlangt. Dies kann beispielsweise in Bereichen wie Handwerk, Handel, Industrie, Gesundheitswesen oder Dienstleistungen sein. Während des Praktikums können die Jugendlichen verschiedene Tätigkeiten ausprobieren, Arbeitsabläufe kennenlernen und Einblicke in die Anforderungen und Herausforderungen des jeweiligen Berufsfelds gewinnen.

Sozialpraktika bieten die Möglichkeit, in sozialen Einrichtungen wie Krankenhäusern, Altenheimen, Kindergärten, Behindertenwerkstätten oder bei gemeinnützigen Organisationen tätig zu werden. Hierbei entwickeln die Heranwachsenden soziale Kompetenzen und Empathie für andere Menschen.

Insgesamt bieten Praktika und Berufsfelderkundungen Möglichkeiten, praktische Erfahrungen zu sammeln, berufliche Interessen zu erkunden und sich auf eine zukünftige Berufswahl vorzubereiten. Die empirischen Untersuchungen von Liebenwein, Barz und Randoll (2012, S. 72 f.) ergeben, dass die Schüler*innen die Erfahrungen in den Praktika überwiegend positiv erleben. Sie erhielten Einblicke in neue Berufswelten wie einer heilpädagogischen Waldorfschule oder einem Bauernhof und konnten ihr eigenes Interesse für diese Bereiche erkunden. Die Erfahrungen in der Arbeitswelt lehren, dass der Erfahrungsraum Schule nur einer neben anderen ist. Das Sich-Erproben in einem anderen Kontext ist immer bereichernd, weil der oder die Betroffene direkt etwas über die eigenen Talente wie auch Defizite erfährt und damit in die Lage versetzt wird, künftige Entscheidungen nicht auf Mutmaßungen und Wünschen, sondern auf Praxis und Wissen zu fällen. Zugleich vermitteln die drei Praktika in drei unterschiedlich gelagerten Bereichen auch einen ersten Überblick über die Komplexität des Arbeitslebens. Besonderen Wert besitzt dabei die emotionale Auseinandersetzung mit dem jeweiligen Arbeitsfeld. Die Schüler*innen berichten von Empathie und Erfolgserlebnissen, Anerkennung und Herausforderungen, aber auch Unterforderungen. Und ausnahmslos jede und jeder macht die Erfahrung, dass Schulleistungen oder Rollenmuster, die in der Klasse eine überragende Bedeutung haben, im Berufsleben ziemlich irrelevant sind, weil es hier um ganz andere Qualitäten geht. All dies trägt zur Reife im Jugendalter bei.

Mit diesem Ansatz ist die Waldorfschule paradoxerweise näher an der Wirtschaft als die utilitaristisch ausgerichtete Staatsschule. Mit dem Abitur nach der 12. Klasse (G8) wollten einige Länder den vermuteten Bedürfnissen der Firmen näherkommen und ihnen ein Jahr früher Arbeitskräfte zur Verfügung stellen. Das Großexperiment rief den Unmut von Schüler*innen und Eltern hervor, weil es deren Bedürfnisse in vielen Fällen ignorierte. Kaum eingeführt, begann die Diskussion über eine Rückabwicklung dieses Bildungsmodells (Knauß 2016).

Waldorfschulen unterscheiden sich von anderen Schulen nicht in den Zielen, sondern hinsichtlich der Priorisierung. Der Fokus auf den je individuellen Menschen mit all seinen Eigenheiten ist die Grundbedingung für alles andere. Waldorfschüler*innen wissen verlässlicher, wer sie sind und was sie werden wollen. Die Schule als Selbsterfahrungsraum ist ein Startvorteil gegenüber anderen Schulformen, in den die Absolvent*innen erst nach der Schulzeit beginnen, sich selbst zu erfahren. Irrwege und Irrtümer gehören zur persönlichen Entwicklung dazu, aber begleitet von Mitschüler*innen, Lehrenden, Eltern oder spezialisierten Ansprechpartner*innen ist die Selbstwerdung in der Waldorfschule um Etliches leichter als allein auf sich gestellt nach dem Schulabschluss.

Teil III: Unterrichtsformen der Waldorf-Jugendpädagogik

12 Der Epochenunterricht

Beim Wechsel zur Oberstufe verändert sich der Schulalltag spürbar. Statt des Hauptunterrichts des Klassenlehrers oder der Klassenlehrerin in Unter- und Mittelstufe findet in der Oberstufe Fachunterricht statt, der von Lehrkräften gegeben wird, die in einem Universitätsstudium für bestimmte Fächer ausgebildet wurden. Während in den unteren Klassen der Kontakt zur Klassenlehrerin oder zum Klassenlehrer priorisiert wird, begegnen die Schüler*innen nun nicht mehr dem oder der Generalist*in, sondern dem oder der Expert*in. Vor allem die kulturkundlichen Fächer wie Deutsch, Geschichte, Kunstbetrachtung und die naturkundlichen Fächer wie Mathematik, Physik, Biologie, Chemie, Geografie werden von studierten Spezialisten in den Epochen unterrichtet.

Die Oberstufenlehrer*innen vermitteln ihren Stoff in einer Form, die ihrem wissenschaftlichen Anspruch nach akademisch orientiert ist. Die Schüler*innen lernen in der Oberstufe in immer stärkerem Maße, ihre Aufgaben eigenverantwortlich zu bearbeiten. Aktives Denken und die Fähigkeit, zu analysieren und zu bewerten, stehen im Mittelpunkt. Die Epochenlehrer*innen führen die Schüler*innen dahin, praktische, theoretische, soziale und individuelle Urteilskompetenzen auszubilden.

Der Epochenunterricht erstreckt sich in der Regel über einen Zeitraum von drei bis vier Wochen. Der Lehrplan und die Unterrichtsinhalte der einzelnen Klassenstufen orientieren sich an der Entwicklung der Heranwachsenden. Rudolf Steiner wandte sich 1919 gegen die gängige Unterrichtspraxis, wahllos Schulstunden und Unterrichtsfächer aneinanderzureihen (Wiehl 2015, S. 233 ff.):

> „Der junge Mensch geht in die Schule zur ersten Schulstunde des Morgens. In dieser ersten Schulstunde ist vielleicht angesetzt aus den Bequemlichkeiten des Lehrerkollegiums heraus, sagen wir, Mathematik, Rechnen. Dann folgt vielleicht Latein, dann folgt vielleicht eine weitere Stunde religiösen Unterrichts. Und dann folgt vielleicht Musik oder Gesang, oder vielleicht nicht einmal das, sondern es folgt vielleicht Geographie darauf. Man kann das menschliche Gemüt von Grund auf nicht stärker ruinieren, als wenn man in dieser Weise bei dem jungen Menschen dafür sorgt, daß seine Konzentrationskraft auf das allergründlichste zerstört wird" (Steiner 1991a, S. 128).

Steiner stellte dem sein Konzept eines Epochenunterrichts entgegen:

> „Notwendig ist, daß gesorgt werde, wenn überhaupt an eine Gesundung unseres Unterrichtswesens gedacht wird, daß in der Zukunft der heranwachsende Mensch so

> lange bei einer Sache bleiben kann, als das konzentrierte Verweilen auf einer Sache durch die Entwickelungszustände des Menschen notwendig ist. […]. Dann […] müßte dieses Sichaneignen eine Epoche werden beim heranwachsenden Menschen, das heißt, er müßte immerzu, ohne durch anderes fortwährend gestört zu werden, eine gewisse Zeit seines Lebens hindurch sich auf eines konzentrieren" (Steiner 1991a, S. 128–130).

Die Epoche bietet nach Steiner den Schüler*innen die Möglichkeit, sich ganz auf eine Sache und ein Thema zu konzentrieren, das für ihren Lebensabschnitt und ihren Entwicklungsstand förderlich ist. Der Epochenunterricht bietet ihnen die Möglichkeit, nicht nur Wissen anzuhäufen, sondern den Stoff auch zu transformieren, ein Thema ganzheitlich zu erforschen und dabei ihre individuellen intellektuellen, kreativen, emotionalen und praktischen Fähigkeiten einzusetzen. Die empirischen Untersuchungen von Liebenwein, Barz und Randoll (2012, S. 82 ff.) zeigen, dass 80,8 Prozent der Absolvent*innen den Epochenunterricht gut oder eher gut fanden.

Die Bündelung eines Themas bringt verschiedene Vorteile mit sich. „Nachhaltiges Lernen vereint nicht nur die langfristige Verankerung akademischen Wissens, sondern fördert ethische Verantwortung, kritisches Denken und die Fähigkeit zur Lösung realer Probleme" (Kapferer 2024, S. 112 f.; Zech 2016, S. 39). Kapferer weist auch darauf hin, dass derzeit keine aktuellen, wissenschaftlichen Studien oder Quellen vorliegen, die eine Verbindung zwischen dem Prinzip der Epoche und der Erforschung von Lehrmethoden in der Lernpsychologie herstellen.

Die Epoche ist mehr als nur ein Projektunterricht, wie es in anderen Schulformen Praxis ist. Für die Vorurteile, denen sich die Waldorfschulen gelegentlich ausgesetzt sehen, ist der Verweis auf den Epochenunterricht ein schlagkräftiges Gegenargument. Die Lernerfahrung geht über das Inhaltliche hinaus und bringt die Schüler*innen dazu, Zusammenhänge zu sehen und über den Tellerrand zu schauen. Die Aussage, dass das Ganze mehr ist als die Summe seiner Teile, wird gerade in der Epoche spürbar. Für alle, die mit der Waldorfpädagogik vertraut sind, ist die Epoche oder der Epochenunterricht eine Selbstverständlichkeit. Für etwas Außenstehende ist der Epochenunterricht etwas Unbekanntes, der einer Erklärung bedarf. Im Gespräch mit Eltern, die daran denken, ihre Kinder auf eine Waldorfschule zu schicken, sollte der Hinweis auf das nachhaltige Lernen, das durch die Epoche ermöglicht wird, nicht fehlen.

13 Der Hauptunterricht

Der Epochenunterricht in den eben genannten Fächern findet in den ersten Schulstunden statt und erstreckt sich über eine Zeitdauer von etwa 1,5 bis 2 Stunden (Wiehl 2015, S. 234). Da er den Schultag einleitet, wird auch der Begriff Hauptunterricht verwendet. Die Struktur folgt bis heute im Wesentlichen einer „Zusammenstellung von situationsbedingten und variablen methodischen Elementen“ (Wiehl 2015, S. 237) von Rudolf Steiner. Diese haben sich von Beginn an in der Praxis bewährt, und werden, angepasst an die Bedürfnisse des Faches und der Schüler*innen, beibehalten. Dabei wird der Entwicklung des erziehungswissenschaftlichen und pädagogischen Diskurses Rechnung getragen.

Der Tag wird begonnen mit einem von Rudolf Steiner verfassten Morgenspruch und dem sogenannten „rhythmischen Teil“. Steiner hat auf die Bedeutung der rhythmischen Wiederholung im Unterricht hingewiesen (Steiner 2019c, S. 85; Wiehl 2015, S. 231; Rawson 2019, S. 153–154; Wiehl 2016, S. 562). In der Oberstufe kann darin ein zum Thema des Unterrichts passendes Gedicht rezitiert oder gemeinsam gesungen werden oder eine Diskussion über Ereignisse des Vortages oder aktuelle oder philosophische Fragestellungen stattfinden. Danach erfolgt eine Rückschau auf den am Vortag behandelten Stoff und dessen Vertiefung. Anschließend wird neuer Stoff möglichst gemeinsam erarbeitet. Rituale erfahren heutzutage wenig Wertschätzung, dabei sind sie unverzichtbar. Sie reduzieren Stress, weil sie Vertrautes bieten, und erhöhen damit die emotionale Stabilität. In einer festen Struktur ist es leicht, Unbekanntes und Überraschendes zu integrieren. Das Gerüst für den Hauptunterricht ist somit der Dreh- und Ankerpunkt, um neue Inhalte zu erschließen.

Das didaktische Modell des Epochenunterrichts an Waldorfschulen folgt einer Phasengliederung, für die die Begriffe Schluss, Urteil und Begriff verwendet werden. Rudolf Steiner schildert die Erkenntnisschritte „Schluss – Urteil – Begriff“ anhand einer Begegnung mit einem Löwen (Steiner 2019a, S. 134 f.). In Umkehrung der aristotelischen Logik beginnt in der Pädagogik der Waldorfschulen der Erkenntnisprozess mit dem Schluss, dem Erschließen eines Weltinhaltes durch Beobachten (Steiner 2019a, S. 134 f.; Wiehl 2015, S. 66; Wiehl 2016, S. 561). Dieser wird anschließend in weiterführende Zusammenhänge gestellt und beurteilt und danach begrifflich bestimmt. Wiehl betont: „Die Begriffsbestimmung ist nicht als Definition wie in der aristotelischen Logik zu verstehen [...] nur diejenigen, die aktiv den jeweiligen Erkenntnisprozess vollziehen oder nachvollziehen, [gelangen] zu einer Übereinstimmung in dieser Begriffsevidenz“ (Wiehl 2016, S. 561).

Neuer Stoff wird in der ersten Phase vermittelt. Hierin erfahren die Schülerinnen und Schüler eine unmittelbare Begegnung mit einem Weltinhalt. Das kann in den Naturwissenschaften ein Experiment oder im Geschichtsunterricht eine konkrete und lebendige Darstellung der Lehrerin oder des Lehrers sein. In einem Wahrnehmungsprozess erschließen die Schüler*innen einen Zusammenhang mit ihrem bereits vorhandenen Erfahrungshorizont. Das kann durch eine Arbeitsphase, in der die zunächst fremd oder unzugänglich scheinenden Phänomene durchdrungen werden, ergänzt werden. Sowohl in den natur- wie auch den geisteswissenschaftlichen Fächern lernen die Schüler*innen methodisch zunächst, die Phänomene präzise und vorurteilsfrei zu beobachten und zu beschreiben, bevor sie sich mit Erklärungen und Modellen zum Verstehen beschäftigen (Sommer 2016, S. 490; Wiehl 2016, S. 561). Dadurch können sie ohne Vorurteile die Welt neu entdecken und enträtseln. Die Unterrichtsinhalte und die Unterrichtsmethode wecken Weltinteresse, das es den Heranwachsenden ermöglicht, ihren eigenen Weg und ihre eigenen Lebensideale zu finden. In seinen pädagogischen Vorträgen verwendet Steiner die Bezeichnung „Schluss": „Indem ich verständig wahrnehme, bilde ich mir lauter Schlüsse" (Steiner 1986a, S. 45 f.; Sommer 2016, S. 496). Wiehl (2015, S. 226) erklärt, dass diese Unterrichtsphase „ein Vorgang des Zur-Kenntnis-Nehmens durch Zuhören und verständige Wahrnehmung" sei.

In der zweiten Phase findet ein „Wechsel von der Außenperspektive verständiger Wahrnehmung zu der Innenperspektive persönlicher Bezugnahmen" (Sommer 2016, S. 498) statt. Die Thematik wird in einem Arbeitsprozess erschlossen, ausgewertet und kontextualisiert. Die Schülerinnen und Schüler gelangen, ausgehend von der persönlichen Auseinandersetzung, durch das Herausarbeiten weiterführender Perspektiven, in einer erneuten Arbeitsphase zu einem distanzierten Standpunkt. In ihr Urteil fließen personale, kulturelle und soziologische Vorerfahrungen mit ein. Dieser Prozess wird ergebnisoffen geführt und lässt Raum für divergierende Urteile. An den Waldorfschulen wird in Anlehnung an Steiner (Steiner 1986a, S. 46) für diese Unterrichtsphase die Bezeichnung „Urteil" verwendet.

Hier klingt bereits an, dass die Phasen des Unterrichts, je nach den Bedürfnissen des Faches, des Stoffes und der Schülerinnen und Schüler, methodisch untergliedert werden können. Die Phase des „Schlusses" kann eine erste individuelle Beschäftigung mit den neuen Inhalten umfassen, die Phase „Urteilens" kann Raum für eine eigene Auseinandersetzung mit dem Thema bieten sowie für eine weitere Arbeitsphase, in der die Jugendlichen, eventuell unter Einbeziehen weiterer Materialien, sich dem Thema weiter nähern. Es können auch interaktive Lernformen, wie Partnerarbeit, Gruppenarbeit, Gruppenpuzzle oder andere didaktische Formen zum Einsatz kommen, und schließlich eine oder mehrere Ergebnissicherungen oder Präsentationen der Schüler*innen (Wiehl 2016, S. 561).

In der dritten Phase werden „gesetzliche bzw. begriffliche Zusammenhänge, allgemeine Bezüge, auswertende Analysen" (Sommer 2016, S. 499) gebildet. Diese Phase wird in Adaption an Steiner als Phase der „Begriffsbildung" oder einfach nur „Begriff“ bezeichnet (Wiehl 2015, S. 226 f.). Sie erfolgt erst nach der Nacht zu Beginn des Hauptunterrichts am folgenden Tag. Die Ergebnisse der Schlafforschung bestärken diese Methode. Während des Schlafes regeneriert sich nicht nur der Körper, sondern es werden auch Tagesereignisse verarbeitet und Erinnerungen und Erfahrungen vertieft und interpretiert. Fragestellungen und Probleme haben sich nach dem Schlafen verändert oder sind am nächsten Morgen beantwortet. Rudolf Steiners Anregung (Steiner 2019c, S. 80), die vertiefende Bearbeitung und Bildung der Begriffe am nächsten Tag vorzunehmen, findet hier ihre Bestätigung (Kapferer 2024, S. 118 f.; Wiehl 2015, S. 225 f., S. 236; Wallmann 2018). Die Schülerinnen und Schüler finden, unterstützt durch offene Fragen, möglichst eigenständig Gesetze, Zusammenhänge und begriffliche Einordnung und kommen zu einer Stellungnahme. Auch diese Phase des Unterrichts wird didaktisch gemäß den Erfordernissen der Schüler*innen und des Faches gestaltet. Es kann ein Unterrichtsgespräch geführt werden, es können auch ergänzende oder vertiefende Materialen einbezogen werden oder den Schüler*innen Gelegenheit gegeben werden, einzeln oder in Partner- oder Gruppenarbeit den Stoff erneut zu reflektieren und das Erarbeitete anzuwenden oder auszubauen (Sommer 2016, S. 495 ff.; Wiehl 2016, S. 562). „Dieses Erkenntnislernen ist in der Unterrichtskonzeption über Tage hinweg gleichsam spiralig fortführbar, indem ein Thema oder eine Aufgabe aus der anderen hervorgeht, die erste ablöst und wieder Neues eingebracht wird“ (Wiehl 2015, S. 66).

Die Lehrkräfte gestalten ihren Unterricht auf der Grundlage der Erkenntnisprozesse, nicht schematisch, sondern so, wie es die Lernsituation der Klasse erfordert (Wiehl 2015, S. 66). Sie haben ein waldorfpädagogisches Repertoire an Lehr- und Lernmethoden, mit denen sie den Unterricht gestalten. Sie schaffen „ein ausgewogenes Verhältnis zwischen Aktivität und Ruhe sowie Lernen und Verarbeiten“ (Kapferer 2024, S. 115). „Diese ganzheitliche und vielfältige Aktivierung kann zu einer besseren Verarbeitung und zu einer nachhaltigeren Festigung des Lernstoffes führen“ (Richter 2023, S. 45). Wichtig sind ein Wechsel von kognitiven und rhythmischen Prozessen sowie Selbsttätigkeit und Eigenverantwortlichkeit der Jugendlichen im Lernvorgang, der in der Waldorf-Jugendpädagogik zugleich ein Erkenntnisvorgang ist. Die Struktur des Hauptunterrichts ist flexibel genug, um unterschiedlichen Bedürfnissen Rechnung zu tragen und gleichzeitig stabil genug, um dem Unterricht Sinn und Richtung zu geben.

14 Die Fachstunden

Bereits 1911 wurde in Preußen ein Unterrichtsrhythmus von 45 Minuten für eine Schulstunde eingeführt, den die Waldorfschulen für ihre Fachstunden übernommen haben. Für eine derartige Schulstunde sprechen einige eher äußere Gründe: Die Taktung schafft eine klare Struktur, die Abwechslung ständige Geschäftigkeit. Der Schultag wird in kleine Zeiteinheiten unterteilt, die zum einen lang genug sind, um Erfolgserlebnisse zulassen, zum anderen kurz genug sind, um auch nicht gelingenden Unterricht zu erdulden. Aus organisatorischer Perspektive ermöglicht diese Struktur viele Möglichkeiten für den Stundenplan, den Raumplan, den Einsatz der Lehrer*innen, die Erstellung von Lehrmitteln und Klassenarbeiten (Eikenbusch 2010).

Andererseits ist nachhaltiges Lernen (Kapferer 2024, S. 113) in einem Rhythmus von 45-minütigen Schulstunden nicht möglich. Kamm (2000, S. 48 ff.) führt aus, dass von einer derartigen Schulstunde nur etwa 30 Minuten für die Erarbeitung der Lerninhalte verbleiben. Die übrige Zeit werde durch Faktoren wie das Zuspätkommen der Schüler*innen und die Erklärung der Aufgaben benötigt. Auch für Unterrichtsphasen mit selbstständiger Eigenarbeit und für eine individuelle Zuwendung zu den Bedürfnissen und Fragen der Schüler*innen sei die verbleibende Zeit zu kurz. Lernprozesse könnten kaum abgeschlossen werden und das Wissen verankere sich nicht im Langzeitgedächtnis (Eikenbusch 2010; Rawson 2019, S. 153). Einige staatliche Schulen haben daher Schulstunden von 60 Minuten Länge eingeführt und an Waldorfschulen wird dieses Modell ausprobiert (Carle 2018).

Es gibt an den Waldorfschulen verschiedene Ansätze, hiermit umzugehen. In der Unterstufe (Klasse 1–4) wird an Waldorfschulen häufig das pädagogische Konzept des Bewegten Klassenzimmers verwendet. Statt mit der traditionellen Möblierung aus starren Tischen und Stühlen wird das Klassenzimmer mit variablen Möbeln – Kissen und Bänken – eingerichtet. Der Unterricht enthält viele Bewegungselemente und Sinneseindrücke, die mit den Lerninhalten und Übungen verbunden werden. Seit 1998 an der Rudolf Steiner Schule in Bochum das erste Bewegte Klassenzimmer eingerichtet wurde, wird es in der Unterstufe an zahlreichen Waldorfschulen eingesetzt (vgl. Auer & Wiehl 2021).

In den Fachstunden werden an den meisten Waldorfschulen die Klassen in kleinere Lerngruppen geteilt. In den handwerklich-künstlerischen Fächern werden Klassen gedrittelt, in anderen Fächern wie den Fremdsprachen halbiert. Der Stundenplan sorgt für einen Wechsel von intellektuell-kognitiven, künstlerisch-kreativen und handwerklich-praktischen Fächern.

An vielen Waldorfschulen werden die handwerklichen und künstlerischen Fächer in Epochen unterrichtet. Die Schüler*innen erhalten den Unterricht in zwei bis drei Doppelstunden pro Woche. Nach etwa sechs Wochen wechselt der fachwissenschaftliche Inhalt. Bei dem Doppelstundenmodell entfällt die Organisationsphase zu Beginn der zweiten Stunde und es wird eine längere effektive Lernzeit geschaffen. Es bleibt mehr Raum für Projekte, zeitintensivere, schülerzentrierte Unterrichtsformen und individuelle Förderung. Für die Schüler*innen bedeutet das Doppelstundenmodell weniger Raumwechsel. Einen anderen Weg ist die Waldorfschule Berlin Süd-Ost gegangen und hat für manche Fächer ein modularisiertes Modell entwickelt. Die Module dauern ein Quartal und haben den Umfang von etwa 15 Schulstunden. Diese werden nicht in 45-minütigen Schulstunden abgehalten, sondern je nach den fachlichen Bedürfnissen als Blockkurse am Wochenende, Abendveranstaltungen oder Exkursionen.

Die Trennung von Hauptunterricht und Fachstunden ist das typische Merkmal der Waldorfschulen. Isoliert betrachtet ist der Fachunterricht nicht waldorftypisch. In der Art der Unterrichtsgestaltung und der Ansprache der Schüler*innen ist er es. Für Schülerinnen, Schüler und Eltern und ganz besonders für die Fachlehrerinnen und -lehrer ist ein guter Abschluss das Ende und die Vollendung der Schulzeit. Hier gilt das Motto, dass jede und jeder den besten Abschluss machen sollte, der ihr oder ihm möglich ist. Die Lehrkräfte sind also in den letzten etwa zwei Jahren gut beraten, den Stoff so zu präsentieren, dass die kommenden Prüfungen stets im Sichtfeld sind. Als Lehrerin oder Lehrer ist das die Phase, wo man teils Wissensvermittler*in und teils Trainer*in ist. Es ist sinnvoll, weit im Vorfeld, Prüfungen zu simulieren. Dazu kann man die Aufgaben früherer Jahre nehmen. Die Bedingungen und die Notenvergabe sollten real sein. Für viele Schüler*innen sind solche Testsituationen die erste Gelegenheit, sich mit den Härten und Enttäuschungen einer Prüfung auseinanderzusetzen. Sie lernen aber auch, dass Prüfungen durch Vorbereitung, genaues Lesen der Prüfungsaufgaben, Zeitmanagement, Priorisierung der Fragen, Nachdenken und das Vermeiden von Flüchtigkeitsfehlern ihren Schrecken verlieren. Jede Prüfung bedeutet Stress, deshalb muss auch die Bewältigung von Stresssituationen geübt werden. Je früher, umso besser, denn kurz vor dem Termin, wenn das Lernen richtig losgeht, ist es zu spät. Die Lehrkraft als Vertrauensperson kann durch Zuspruch und förderliche Kritik viel zum Gelingen beitragen.

Schlussbemerkungen

Als Leser*in dieses Buches sind Ihnen bei der Lektüre wahrscheinlich mehrmals solche Fragen in den Sinn gekommen: Wie war das bei mir? Was habe ich damals erlebt? Was ist von meiner Schulzeit geblieben? Wenn Sie alt genug sind, kennen Sie vielleicht noch den Hit der Gruppe Extrabreit „Hurra, Hurra. Die Schule brennt" oder Alice Coopers „School's Out" und natürlich das legendäre „We don't need no education" von Pink Floyd. Es sind Songs, die aus dem Trauma einer schlimmen Schulzeit heraus entstanden. Sie sind auch deshalb so populär geworden, weil Millionen von Menschen ihre Schulzeit in unguter Erinnerung haben. Wenn Sie Ihr Kind auf eine Waldorfschule schicken oder als Lehrkraft dort unterrichten, dann wünschen Sie sich, dass es die Zeit als beglückend und bereichernd empfindet. Es gibt nur eine Jugend und nur eine Schulzeit in einem Lebenslauf und es wäre nicht nur ein Verlust, sondern auch eine Belastung, wenn diese Zeit misslingt. Darauf weist Rudolf Steiner hin: „Wir müssen in die Lage kommen, die Schuljahre so zu gestalten, daß sie, wenn wir uns an sie zurückerinnern, immer ein neuer Quell des Auflebens für uns sind" (Steiner 2024a, S. 126). Im Alltag einer Schule sind die Beteiligten oft bis an die Grenze ihrer Leistungsfähigkeit gefordert, die unmittelbaren Probleme zu regeln. Doch entscheidend ist am Ende immer das große Ganze. In den Schriften Rudolf Steiners ist der Blick auf das Ganzheitliche und Nachhaltige die verlässliche Leitlinie seiner pädagogischen Anregungen. Das zu bedenken und im Blick zu haben, ist die Stärke der Waldorfschulen.

Die Oberstufe an Waldorfschulen ist zweifellos eine Zeit des Wachstums, der Entdeckung und der Vorbereitung auf das Leben. In diesem Buch haben wir einen Einblick in die einzigartige Welt der Waldorf-Jugendpädagogik erhalten und die besonderen Merkmale dieses Bildungswegs in der Oberstufe erkundet. Es wurde deutlich, dass die Waldorfschulen nicht nur Wissen vermitteln, sondern die persönliche Entwicklung ihrer Schülerinnen und Schüler in den Mittelpunkt stellen.

Ein zentraler Aspekt, der in diesem Buch hervorgehoben wurde, ist die ganzheitliche Bildung, die die Waldorfschulen anstreben. Die Schülerinnen und Schüler wachsen nicht nur intellektuell, sondern auch künstlerisch, sozial und emotional. Durch ein breites Spektrum an Fächern, Projekten und außerschulischen Aktivitäten werden die Jugendlichen dazu angeregt, ihre Talente zu entdecken und ihre Interessen zu vertiefen.

Die enge Beziehung zwischen Lehrerinnen und Lehrern und Schülerinnen und Schülern wurde ebenfalls als grundlegendes Element der Waldorf-Jugendpädagogik herausgestellt. Die Lehrkräfte nehmen nicht nur die Rolle von Wissensvermittler*innen ein, sondern auch von Mentor*innen und Begleiter*innen auf dem Weg zur persönlichen Entfaltung. Diese unterstützende Umgebung ermöglicht es den Heranwachsenden, sich in einem sicheren Raum auszudrücken, zu lernen und zu wachsen.

Ein weiterer wichtiger Aspekt, der in diesem Buch behandelt wurde, ist die Betonung des sozialen Miteinanders. Durch gemeinsame Projekte, Theateraufführungen, Exkursionen und soziale Initiativen lernen die Jugendlichen, Verantwortung zu übernehmen, Konflikte zu lösen und sich als Teil einer größeren Gemeinschaft zu begreifen. Dies stärkt nicht nur das Zusammengehörigkeitsgefühl, sondern fördert auch die soziale Kompetenz und das Verantwortungsbewusstsein.

Des Weiteren wurde die Bedeutung der Selbstreflexion und der persönlichen Entwicklung hervorgehoben. Die Oberstufe an Waldorfschulen bietet den Schülerinnen und Schülern die Möglichkeit, sich mit existenziellen Fragen auseinanderzusetzen, ihre eigenen Werte und Überzeugungen zu hinterfragen und ihre Identität zu finden. Dieser Prozess der Selbstfindung ist entscheidend für die persönliche Entfaltung und die Vorbereitung auf ein erfülltes Leben.

Insgesamt bietet die Oberstufe an Waldorfschulen eine Lernumgebung, die es den Jugendlichen ermöglicht, sich individuell zu entwickeln und auf die Herausforderungen der Zukunft vorzubereiten. Durch die Verbindung von Bildung, Kunst, sozialer Verantwortung und persönlicher Entwicklung legt die Waldorf-Jugendpädagogik den Grundstein für ein erfülltes und sinnvolles Leben.

Generationen von Schüler*innen hat man gepredigt: „Nicht für die Schule, für das Leben lernen wir“. Wir alle, die an unsere Schulzeit zurückdenken, wissen, dass der Spruch ganz einfach falsch oder zumindest unvollständig ist. Weder lernt man in der Schule, wie man den Abfluss reinigt noch lernt man Autofahren oder das korrekte Ausfüllen der Steuererklärung. Immerhin hilft der Dreisatz bei der Berechnung der Mehrwertsteuer und des Rabatts im Schlussverkauf. Wahrscheinlich hat sich jemand den Spruch ausgedacht, um Fragen nach dem Sinn des Curriculums zu vermeiden. Tatsächlich sollte der Spruch für uns, die wir Verantwortung für junge Menschen tragen, lauten: „Nicht für die Schule, für das Leben lehren wir“.

Literatur

Adam, Christiane & Schmelzer, Albert (2019): Waldorfpädagogik als Interkulturelle Pädagogik – Herausforderungen in der Migrationsgesellschaft. In: Wiehl, Angelika (Hrsg.): Studienbuch Waldorf-Schulpädagogik, Bad Heilbrunn: Klinkhardt / utb, S. 37–50.

Anders, Florentine (2024): Bildung für nachhaltige Entwicklung (BNE) an Schulen – Umsetzung oft halbherzig. In: Deutsches Schulportal der Robert-Bosch-Stiftung. 10. Januar 2024. Aktualisiert am 30. Oktober 2024. Online: https://deutsches-schulportal.de/unterricht/bildung-fuer-nachhaltige-entwicklung-bne-an-schulen-wie-gelingt-das/ (Abruf: 13.11.2024)

Asberger, Jana (2023): Mit Klassenwiederholung lassen sich mangelnde Leistungen aufholen. Stimmt's?. Bundeszentrale für politische Bildung. 22.06.2023. Lizenz CC BY-NC-ND 4.0. Online: https://www.bpb.de/themen/bildung/dossier-bildung/522245/mit-klassenwiederholung-lassen-sich-mangelnde-leistungen-aufholen-stimmt-s/ (Abruf: 16.10.2024)

Auer, Wolfgang & Wiehl, Angelika (Hrsg.) (2021): Bewegtes Klassenzimmer, Weinheim und Basel: Beltz Juventa.

Antonovsky, Aaron (1997): Salutogenese – Zur Entmystifizierung der Gesundheit, Tübingen: dgvt-Verlag.

Barth, Ulrike (2022): Jugendbiografische Wegspuren im inklusiven Kontext. In: Wiehl, Angelika & Steinwachs, Frank (Hrsg.): Studienbuch Waldorf-Jugendpädagogik, Bad Heilbrunn: Klinkhardt / utb, S. 289–301.

Bauer, Horst Philipp & Schieren, Jost (Hrsg.) (2015): Menschenbild und Pädagogik, Weinheim und Basel: Beltz Juventa.

Bauer, Horst Philipp & Schneider, Peter (Hrsg.) (2006): Waldorfpädagogik. Perspektiven eines wissenschaftlichen Dialogs, Frankfurt am Main: Peter Lang.

Beckel, Larissa (2022): Gender und Identität – Verständnisgrundlagen mit Bezug zur Waldorfpädagogik. In: Wiehl, Angelika & Steinwachs, Frank (Hrsg.): Studienbuch Waldorf-Jugendpädagogik, Bad Heilbrunn: Klinkhardt / utb, S. 275–288.

Becker, Christian & Wiehl, Angelika (Hrsg.) (2024): Epochenhefte, Weinheim und Basel: Beltz Juventa.

Bertelsmann Stiftung (2010): Bertelsmann Stiftung, Bundesministerium des Innern (Hrsg.) (2010): Erfolgreiche Integration ist kein Zufall. Strategien kommunaler Integrationspolitik. ebook. Online: https://www.bertelsmann-stiftung.de/de/publikationen/publikation/did/erfolgreiche-integration-ist-kein-zufall (Abruf: 28.10.2014)

Blaeser, Berbel (2016): Waldorfschulen praktizieren Inklusion. Gemeinsamkeiten und Unterschiede. Erziehungskunst. Juni. Online: https://www.erziehungskunst.de/artikel/waldorfschulen-praktizieren-inklusion-gemeinsamkeiten-und-unterschiede (Abruf 07.01.2025)

Bodack, Karl-Dieter (2021): Warum scheitert und wie gelingt „Selbstverwaltung"?. Erziehungskunst. Mai. Online: https://www.erziehungskunst.de/artikel/warum-scheitert-und-wie-gelingt-selbstverwaltung (Abruf: 11.12.2024)

Boettger, Christian (2014): Warum Praktika an Waldorfschulen?. Erziehungskunst. Juli. Online: https://www.erziehungskunst.de/artikel/warum-praktika-an-waldorfschulen (Abruf: 27.09.2024)

Brecht, Bert (1963) Schriften zum Theater. Band 3: 1933–1947, Frankfurt am Main: Suhrkamp.

Brock, Antje & Holst, Jorrit (2022): Schlüssel zu Nachhaltigkeit und BNE in der Schule: Ausbildung von Lehrenden, Verankerung in der Breite des Fächerkanons und jenseits der Vorworte. Online: https://refubium.fu-berlin.de/bitstream/handle/fub188/36378/Brock_

Holst_2022_Schule_Dokumentenanalyse_BNE_Monitoring.pdf?sequence=1&isAllowed=y (Abruf: 17.11.2024)

Bund der Freien Waldorfschulen (2021): Medienpädagogik an Waldorfschulen. Online: https://www.waldorfschule.de/fileadmin/downloads/Blickpunkte_Reader/Medienpaed_an_WS_3_Auflage_Juni_2021.pdf (Abruf: 18.06.2024)

Bunge, Matthias (2019): Waldorfpädagogik im ästhetischen Kontext – Erziehungskunst als soziale Plastik. In: Wiehl, Angelika (Hrsg.): Studienbuch Waldorf-Schulpädagogik, Bad Heilbrunn: Klinkhardt / utb, S. 119–131.

Büssing, Arndt & Ostermann, Thomas & Jacobi, Frank & Matthiessen, Peter F. (2007): Untersuchung zur Erkrankungsprävalenz und zum Gesundheitsempfinden ehemaliger Waldorfschüler. In: Barz, Heiner & Randoll, Dirk (Hrsg.) (2007): Absolventen von Waldorfschulen. Eine empirische Studie zu Bildung und Lebensgestaltung, Wiesbaden: VS Verlag, 2007, S. 161–173. Auszug online: http://download.e-bookshelf.de/download/0000/0165/73/L-G-0000016573-0002371889.pdf (Abruf 28.10.2024)

Carle, Martin (2018): Lehrer, mach Deine Hausaufgaben. Erziehungskunst. September. Online: https://www.erziehungskunst.de/artikel/lehrer-mach-deine-hausaufgaben (Abruf: 26.11.2024)

De Vries, Frank (2014): Die Waldorfschule braucht neue Formen der Leistungsbewertung. Erziehungskunst. Juni. Online: https://www.erziehungskunst.de/artikel/die-waldorfschule-braucht-neue-formen-der-leistungsbewertung (Abruf: 14.12.2024)

De Vries, Frank (2016): Standard und Norm. Erziehungskunst. September. Online: https://www.erziehungskunst.de/artikel/standard-und-norm (Abruf: 14.12.2024)

De Vries, Frank (2022): Lernbegleitung und Kompetenzerwerb in der Oberstufe der Waldorfschule. Stuttgart: Edition Waldorf.

Destatis (2021): Spartenbericht Bildende Kunst. Online: https://www.destatis.de/DE/Themen/Gesellschaft-Umwelt/Bildung-Forschung-Kultur/Kultur/Publikationen/Downloads-Kultur/spartenbericht-bildende-kunst-5216102219004.pdf?__blob=publicationFile#:~:text=Laut%20Mikrozensus%202019%20waren%20123,K%C3%BCnstler%20sowie%20der%20Kunsthandwerkenden%20(z) (Abruf: 16.07.2024)

Dietz, Karl-Martin (2012): Gemeinsam sind wir stark. Zur Partnerschaft von Eltern und Lehrern in der Waldorfschule. Erziehungskunst. Juli. Online: https://www.erziehungskunst.de/artikel/gemeinsam-sind-wir-stark-zur-partnerschaft-von-eltern-und-lehrern-in-der-waldorfschule (Abruf: 23.09.2024)

Dietz, Karl-Martin (2015): Wie Menschen frei werden. Zum Verständnis des Jugendalters, Heidelberg: Menon.

Ebertz, Michael N. (2007): Was glauben die Ehemaligen. In: Barz, Heiner & Randoll, Dirk (Hrsg.) (2007): Absolventen von Waldorfschulen. Eine empirische Studie zu Bildung und Lebensgestaltung. Wiesbaden: VS Verlag, 2007, S. 133–160. Auszug online: http://download.e-bookshelf.de/download/0000/0165/73/L-G-0000016573-0002371889.pdf (Abruf 28.10.2024)

Eikenbusch, Gerhard (2010): Alternativen zur 45-Minuten-Stunde. In: Pädagogik 3/2010. Online: https://www.beltz.de/fachmedien/paedagogik/zeitschriften/paedagogik/themenschwerpunkte/alternativen_zum_45_minuten_takt.html (Abruf: 25.11.2024)

Ernst, Gerhard (2016): Einführung in die Erkenntnistheorie, 6. Auflage, Darmstadt: WBG.

Fischer, H. Felix & Binting, Sylvia & Bockelbrink, Angelina & Heusser, Peter & Hueck, Christoph & Keil, Thomas & Roll, Stephanie & Witt, Claudia (2013): The Effect of Attending Steiner Schools during Childhood on Health in Adulthood: A Multicentre Cross-Sectional Study. In: PLOS one. September 12. 2013. Online: https://doi.org/10.1371/journal.pone.0073135 (Abruf: 18.06.2024)

Freitag, Klaus-Peter (2023): Aufschlüsse statt Abschlüsse. Erziehungskunst. Februar. Online: https://www.erziehungskunst.de/artikel/aufschluesse-statt-abschluesse (Abruf: 14.01.2025)

Frielingsdorf, Volker (2012): Waldorfpädagogik in der Erziehungswissenschaft. Ein Überblick, Weinheim und Basel: Beltz.

Frielingsdorf, Volker (2019): Geschichte der Waldorfpädagogik von ihrem Ursprung bis zur Gegenwart. Weinheim und Basel: Beltz Juventa.

Gabriel, Wilfried (2018): Berufliche Bildung an Waldorfschulen. Erziehungskunst. Februar. Online: https://www.erziehungskunst.de/artikel/berufliche-bildung-an-waldorfschulen (Abruf: 17.10.2024)

Gewaltprävention 2024. Bund der Freien Waldorfschulen e. V. Online: https://www.waldorfschule.de/beratung-kontakt/gewaltpraevention (Abruf: 04.07.2024)

Gläsener, Friederike (2022): Selbstverwaltung braucht Selbst-Verwaltung. Erziehungskunst. Mai. Online: https://www.erziehungskunst.de/artikel/selbstverwaltung-braucht-selbst-verwaltung (Abruf: 16.09.2024)

Gögelein, Christoph (2007): Geschichte und Prinzipien des „Lehrplans" der Waldorfschule. Zur Lehrplankonstitution der Pädagogik Rudolf Steiners. In: Hellmich, Achim & Teigeler, Peter (Hrsg.): Montessori-, Freinet-, Waldorfpädagogik, 5. Auflage, Weinheim: Beltz, S. 210–222.

Goette, Wenzel M. (2006): Erfahrungen mit der Schulautonomie. Das Beispiel der Freien Waldorfschulen. Stuttgart: Freies Geistesleben.

Goette, Wenzel M. & Loebell, Peter & Maurer, Klaus-Michael (2009): Entwicklungsaufgaben und Kompetenzen. Zum Bildungsplan der Waldorfschule, Stuttgart: Freies Geistesleben.

Haidt, Jonathan (2024): Generation Angst, Hamburg: Rowohlt.

Harslem, Michael (2003): Kommt der Waldorf-Direktor?. Erziehungskunst. Januar. Überarbeitet und ergänzt. 14. Dezember 2007. Online: https://harslem.de/kommt-der-waldorf-direktor (Abruf: 10.12.2024)

Harslem, Michael (2012): Abhilfe für die Lehrernot – eine neue Initiative. Erziehungskunst. April. Online: https://www.erziehungskunst.de/artikel/abhilfe-fuer-die-lehrernot-eine-neue-initiative (Abruf: 17.12.2024)

Harslem, Michael (2018): Kinder lernen von selbst – wenn man sie lässt. Erziehungskunst. Mai. Online: https://www.erziehungskunst.de/artikel/kinder-lernen-von-selbst-wenn-man-sie-laesst (Abruf: 12.07.2024)

Henkes, Christian u. a. (2011): Integration, Zuwanderung und Soziale Demokratie. Lesebuch der sozialen Demokratie 5. Friedrich-Ebert-Stiftung Abteilung Politische Akademie Bonn. Februar 2011. Online: https://library.fes.de/pdf-files/akademie/10934.pdf (Abruf: 25.10.2024)

Hoffmann, Simon Marian & Götz, Jaron (2016): Was bleibt? Mut zu Waldorf! Erziehungskunst. Oktober. Online: https://www.erziehungskunst.de/artikel/was-bleibt-mut-zu-waldorf (Abruf: 14.01.2015)

Hübner, Edwin (2015): Medien und Pädagogik. Gesichtspunkte zum Verständnis der Medien. Grundlagen einer anthroposophisch-anthropologischen Medienpädagogik, Stuttgart: Edition Waldorf.

Hübner, Edwin (2018): Medien, Jugend und Pädagogik. In: Landl, Richard (Hrsg.): Aufbruch in die Welt. Waldorfpädagogische Grundlagen der Oberstufe mit Unterrichtsbeispielen, Dornach: Verlag am Goetheanum, S. 147–178.

Hübner, Edwin (2019): Medien und Schule. Neun Thesen zu einer entwicklungsorientierten Medienpädagogik. In: Wiehl, Angelika (Hrsg.): Studienbuch Waldorf-Schulpädagogik, Bad Heilbrunn: Klinkhardt / utb, S. 247–262.

Hüttig, Albrecht (2022): Anthropologische Grundlagen des Erkenntnisaktes. In: Wiehl, Angelika & Steinwachs, Frank (Hrsg.): Studienbuch Waldorf-Jugendpädagogik, Bad Heilbrunn: Klinkhardt / utb, S. 55–68.

Hutzel, Hans (2021): Das Einzelne im Ganzen erleben. Vorschläge zur Verbesserung der Oberstufe. Erziehungskunst. Februar. Online: https://www.erziehungskunst.de/artikel/das-einzelne-im-ganzen-erleben-vorschlaege-zur-verbesserung-der-oberstufe (Abruf: 18.07.2024)

Institut für Diversity- und Antidiskriminierungsforschung (2024): Online: https://www.diversity-institut.info/ (Abruf: 27.10.2024)

International Students' Conference (2024): Youth Section Goetheanum. Online: https://youthsection.org/en/international-students-conference (Abruf: 26.10.2024)

Kamm, Helmut (2000): Epochenunterricht. Grundlagen – Modelle – Praxisberichte, Bad Heilbronn: Klinkhardt.

Kant, Immanuel (1784): Beantwortung der Frage: Was ist Aufklärung? In: Berlinische Monatsschrift 4, S. 481–494. Online: https://www.projekt-gutenberg.org/kant/aufklae/aufkl001.html (Abruf: 17.11.2024)

Kapferer, Karolin (2024): Epochaler Unterricht an Waldorfschulen – eine Chance für nachhaltiges Lernen. In: Becker, Christian & Wiehl, Angelika (Hrsg.): Epochenhefte, Weinheim und Basel: Beltz Juventa, S. 112–124.

Kegler, Ulrike (2009): In Zukunft lernen wir anders. Wenn die Schule schön wird, Weinheim und Basel: Beltz.

Kern, Holger & Zdrazil, Tomás & Götte, Wenzel Michael (2018): Lehrerbildung für Waldorfschulen, Weinheim und Basel: Beltz Juventa.

Kirchdörfer, Ursula (2019): Leistungsverständnis und Abschlüsse an Waldorfschulen. In: Wiehl, Angelika (Hrsg.): Studienbuch Waldorf-Schulpädagogik, Bad Heilbrunn: Klinkhardt/utb, S. 209–222.

Klemm, Klaus (2009): Klassenwiederholungen – teuer und unwirksam. Bertelsmann Stiftung. Online: https://www.bertelsmann-stiftung.de/fileadmin/files/BSt/Publikationen/GrauePublikationen/GP_Klassenwiederholungen_teuer_und_unwirksam.pdf (Abruf: 28.10.2024)

Knauß, Ferdinand (2016): Das Ende des achtjährigen Gymnasiums. In: Wirtschaftswoche. 4. November. Online: https://www.wiwo.de/erfolg/hochschule/g9-kommt-zurueck-das-ende-des-achtjaehrigen-gymnasiums/14788468.html (Abruf: 17.11.2024)

König, Holger (2021): Waldorfschule und staatliche Abschlüsse – die Quadratur des Kreises?. Erziehungskunst. September. Online: https://www.erziehungskunst.de/artikel/waldorfschule-und-staatliche-abschluesse-die-quadratur-des-kreises (Abruf: 15.10.2024)

König, Holger (2023): Vom Wahren, Schönen und Guten. Erziehungskunst. September. Online: https://www.erziehungskunst.de/artikel/vom-wahren-schoenen-und-guten (Abruf: 29.10.2024)

Konrad, Martin (2023): Selbstorganisation aus Selbstschutz. Erziehungskunst. Dezember. Online: https://www.erziehungskunst.de/artikel/selbstorganisation-aus-selbstschutz (Abruf. 15.12.2024)

Koolmann, Steffen & Petersen, Lars & Ehrler, Petra (Hrsg.) (2018): Waldorf-Eltern in Deutschland. Status, Motive, Einstellungen, Zukunftsideen, Weinheim und Basel: Beltz Juventa.

Kranich, Ernst-Michael (1999): Anthropologische Grundlagen der Waldorfpädagogik, Stuttgart: Freies Geistesleben.

Kring, Wolfgang & Hurrelmann, Klaus (2019): Die Generation Z erfolgreich gewinnen, führen, binden, Herne: Kiehl.

Künzli David, Christine & Bertschy, Franziska (2013): Bildung für eine Nachhaltige Entwicklung – Kompetenzen und Inhaltsbereiche. In: Overwien, Bernd & Rode, Horst (Hrsg.): Bildung für nachhaltige Entwicklung. Lebenslanges Lernen, Kompetenz und gesellschaftliche Teilhabe, Berlin und Toronto: Verlag Barbara Budrich Opladen, S. 35–45.

Kultusministerkonferenz (2024): Vereinbarung über die Durchführung der Abiturprüfung für Schülerinnen und Schüler an Waldorfschulen. Beschluss der KMK vom 21.02.1980 i. d. F. vom 06.06.2024. Online: https://www.kmk.org/fileadmin/veroeffentlichungen_beschluesse/1980/1980_02_21-Vereinbarung-Abipruefung-Waldorfschulen.pdf (Abruf: 14.01.2025)

Lamm, Lisa (2024): Hirnforschung: Wo entsteht unsere Kreativität?. National Geographic. 2. Aug. 2024. Online: https://www.nationalgeographic.de/wissenschaft/2024/08/hirnforschung-wo-entsteht-unsere-kreativitaet (Abruf: 29.10.2024)

Landl, Richard (2018): Der Aufbruch in die Welt. In: Landl, Richard (Hrsg.): Aufbruch in die Welt. Waldorfpädagogische Grundlagen der Oberstufe mit Unterrichtsbeispielen, Dornach: Verlag am Goetheanum, S. 15–22.
Langenscheid, Ulrike (2018): Ich suche nicht – ich finde. Zum Eurythmie-Unterricht in der Oberstufe. In: Landl, Richard (Hrsg.): Aufbruch in die Welt. Waldorfpädagogische Grundlagen der Oberstufe mit Unterrichtsbeispielen, Dornach: Verlag am Goetheanum, S. 236–250.
Largo, Remo H. & Czernin, Monika (2017): Jugendjahre, 5. Auflage, Piper: München.
Lebedowicz, Aleksandra (2014): Waldorfabsolventen: „Sie warten nicht ab, sondern packen zu". Der Tagesspiegel. 19.05.2014. Online: https://www.tagesspiegel.de/berlin/schule/sie-warten-nicht-ab-sondern-packen-zu-3562747.html (Abruf: 30.10.2024)
Leber, Stefan (1992): Die Pädagogik der Waldorfschule und ihre Grundlagen, 3. Auflage, Darmstadt: WBG.
Leber, Stefan (1989): Weltanschauung, Ideologie und Schulwesen. Ist die Waldorfschule eine Weltanschauungsschule?, Stuttgart: Freies Geistesleben.
Leist, Manfred (1998): Entwicklungen einer Schulgemeinschaft. Die Waldorfschulen in Deutschland, Stuttgart: Freies Geistesleben.
Liebenwein, Sylva & Barz, Heiner & Randoll, Dirk (2012): Bildungserfahrungen an Waldorfschulen. Empirische Studie zu Schulqualität und Lernerfahrungen.Wiesbaden: Springer VS. Online: https://www.waldorfschule-engstingen.de/wp-content/uploads/2019/08/Bildungserfahrungen-an-Waldorfschulen-2012.pdf (Abruf: 10.04.2024)
Linderberg, Christoph (1981): Die Lebensbedingungen des Erziehens – von Waldorfschulen lernen. Freiheit als Prinzip der Schule, Reinbek bei Hamburg: Rowohlt.
Loebell, Peter (2016): Begründungsansätze für das Konzept der Jahrsiebte in der Waldorfpädagogik. In: Schieren, Jost (Hrsg.): Handbuch Waldorfpädagogik und Erziehungswissenschaft, Weinheim und Basel: Beltz Juventa, S. 228–253.
Loup, Reinhard (2019): Es reicht!. Erziehungskunst. Oktober. Online: https://www.erziehungskunst.de/artikel/es-reicht (Abruf: 14.12.2024)
Löwe, Bernd & Gscheidle, Ulrike (1988): Verlieren Schüler durch herkömmlichen Unterricht das Interesse an Umweltfragen?. In: Schallies, Michael (Hrsg.): Umweltschutz. Umwelterziehung. Eine Einführung in die Umweltschutzthematik mit exemplarischen Beispielen, Schriftenreihe der Pädagogischen Hochschule Heidelberg, Band 3, Weinheim: Deutscher Studien Verlag, S. 164–190.
Luhmann, Niklas (2009): Zur Komplexität von Entscheidungssituationen. In: Soziale Systeme. Zeitschrift für soziologische Themen. Mai 2009, S. 3–35.
Luhmann, Niklas (2018): Soziologische Aufklärung 6. Die Soziologie und der Mensch. Wie ist Bewußtsein an Kommunikation beteiligt?, S. 38–53; Was ist Kommunikation?, S. 109–120, 4. Auflage, Wiesbaden: Springer.
Mun, Iru (2022): Musikalische Bildung als Selbsterziehung. In: Wiehl, Angelika & Steinwachs, Frank (Hrsg.): Studienbuch Waldorf-Jugendpädagogik, Bad Heilbrunn: Klinkhardt/utb, S. 141–155.
NaDiRa-Bericht (2023): Deutsches Zentrum für Integrations- und Migrationsforschung (DeZIM). Bericht des Nationalen Diskriminierungs- und Rassismusmonitors. Rassismus und seine Symptome. Berlin. 07. November 2023. Online: https://www.dezim-institut.de/fileadmin/user_upload/Demo_FIS/publikation_pdf/FA-5824.pdf (Abruf: 27.10.2024)
Overwien, Bernd (2013): Kompetenzmodelle im Lernbereich „Globale Entwicklung" – Bildung für nachhaltige Entwicklung. In: Overwien, Bernd & Rode, Horst (Hrsg.): Bildung für nachhaltige Entwicklung. Lebenslanges Lernen, Kompetenz und gesellschaftliche Teilhabe, Berlin und Toronto: Verlag Barbara Budrich Opladen, S. 13–34.
Pfuhlstein von, Daniela (2023): Oberstufe: Am Puls der Zeit?. Erziehungskunst. Februar. Online: https://www.erziehungskunst.de/artikel/oberstufe-am-puls-der-zeit (Abruf: 16.12.2024)

Pleštil, Dušan (o. J.): Eine neue wissenschaftliche Denkweise. Online https://www.goetheanum-paedagogik.ch/publikationen/artikel/eine-neue-wissenschaftliche-denkweise (Abruf: 26.10.2024)

Randoll, Dirk (2013): Ich bin Waldorflehrer, Wiesbaden: Springer.

Randoll, Dirk & Peters Jürgen (Hrsg.) (2021): Wir waren auf der Waldorfschule. Ehemalige als Experten in eigener Sache, Weinheim und Basel: Beltz Juventa.

Rauthe, Wilhelm (1990): Stufen der Urteilskraft. In: Zur Menschenkunde der Oberstufe. Gesammelte Aufsätze, 2. Auflage, Stuttgart: Manuskriptdruck der Pädagogischen Forschungsstelle im Bund der Freien Waldorfschulen.

Rawson, Martyn (2019): Generative Prinzipien der Unterrichtsgestaltung und Praxisevaluation in Waldorfschulen. In: Wiehl, Angelika (Hrsg.): Studienbuch Waldorf-Schulpädagogik, Bad Heilbrunn: Klinkhardt/utb, S. 149–162.

Rawson, Martyn (2022): Postkolonialismus – ein für die Selbstwerdung relevantes Thema. In: Wiehl, Angelika & Steinwachs, Frank (Hrsg.): Studienbuch Waldorf-Jugendpädagogik, Bad Heilbrunn: Klinkhardt/utb, S. 203–215.

Rehberg, Gudrun (2021): Bothmer Gymnastik. Relikt aus alten Zeiten oder Zukunftsimpuls?. Erziehungskunst. September. Online: https://www.erziehungskunst.de/archiv-suche/archiv/bothmer-gymnastik-relikt-aus-alten-zeiten-oder-zukunftsimpuls (Abruf: 24.04.2024)

Reinhardt, Susie (2014): Zufriedenheit, das wahre Glück. PSYCHOLOGIE HEUTE. Januar 2014, S. 20–30. Online: https://www.diw.de/documents/dokumentenarchiv/17/diw_01.c.441244.de/ph_01_2014_zufriedenheit.pdf (Abruf: 21.10.2014)

Richter, Tobias (Hrsg.) (2023): Pädagogischer Auftrag und Unterrichtsziele – vom Lehrplan der Waldorfschule, 6. Auflage, Stuttgart: Verlag Freies Geistesleben.

Rittelmeyer, Christian (2016): Versuche, die Entwicklung von Kindern, Jugendlichen und Erwachsenen zu verstehen. In: Schieren, Jost (Hrsg.): Handbuch Waldorfpädagogik und Erziehungswissenschaft. Weinheim und Basel: Beltz Juventa, S. 188–213.

Rohde, Dirk (2009): Lehrermangel – was tun? Dirk Rohde im Gespräch mit der Redaktion. Erziehungskunst. November. Online: https://www.erziehungskunst.de/artikel/lehrermangel-was-tun-dirk-rohde-im-gespraech-mit-der-redaktion (Abruf: 14.12.2024)

Rohde, Dirk (2022): Waldorfschulen und das Landesabitur. Eine vergleichende Studie am Beispiel des Leistungsfaches Biologie in Hessen, Weinheim und Basel: Beltz Juventa.

Rosenberg, Llene (2015): Slack Variety Pack. Episode 5: Lift Pack. Online: https://a.slack-edge.com/48fe/img/variety_pack/transcripts/Slack_Variety_Pack_-_Episode_5_Lift_Pack.pdf (Abruf: 17.11.2024)

Saar, Sven (2023): Beziehungskunst. Menschlichkeit, Identität und Sexualpädagogik in der Waldorfschule, 2., überarbeitete Auflage, Stuttgart: Pädagogische Forschungsstelle.

Schieren, Jost (2008): Was ist und wie entsteht: Unterrichtsqualität an der Waldorfschule. München: Kopäd.

Schieren, Jost (2016): Freiheit als anthropologische Perspektive. Zum Menschenbild der Waldorfpädagogik. In: Schieren, Jost (Hrsg.): Handbuch Waldorfpädagogik und Erziehungswissenschaft, Weinheim und Basel: Beltz Juventa, S. 141–166.

Schmelzer, Albert (2019): Waldorfpädagogik in der Migrationsgesellschaft. Wie kann die Bildungsbenachteiligung von Kindern und Jugendlichen mit Migrationshintergrund überwunden werden, in: Adam, Christiane & Schmelzer, Albert (Hrsg.): Interkulturalität und Waldorfpädagogik, Weinheim und Basel: Beltz Juventa, S. 19–49.

Schmelzer, Albert & Deschepper, Jan (2020): Menschenkunde verstehen, Stuttgart: Edition Waldorf.

Schmelzer, Albert & Wellershoff-Schuur, Ilse (2022): Spiritualität im Jugendalter – eine Spurensuche. In: Wiehl, Angelika & Steinwachs, Frank (Hrsg.): Studienbuch Waldorf-Jugendpädagogik, Bad Heilbrunn: Klinkhardt/utb, S. 83–93.

Schmidt, Robin (2022): Jugendpädagogik einer digitalen Lebenswelt. In: Wiehl, Angelika & Steinwachs, Frank (Hrsg.): Studienbuch Waldorf-Jugendpädagogik, Bad Heilbrunn: Klinkhardt / utb, S. 233–244.

Schmidt-Dietrich, Claudia (2021): Die Stoffgeschichte Sand. Auf Entdeckungsreise durch den Alltag. In: Engagement Global (Hrsg.): „Auf Sand gebaut?" Dokumentation des Fachgesprächs. Onlineveranstaltung am 20. Oktober 2020, S. 41–43. Online: https://www.engagement-global.de/files/2_Media/Publikationen/Fokusthemen/Dokumentation_Fachgespraech_Sand_bf.pdf (Abruf: 12.11.2024)

Schuchhardt, Malte (1997): Sinnerfahrung im Jugendalter durch die Begegnung mit Kunst. In: Denjean, Alain & Götte, Wenzel M. u. a.: Unterricht im Übergang zum Jugendalter. Anregungen zur Bewältigung einer schwierigen pädagogischen Aufgabe. Beiträge zur Pädagogik Rudolf Steiners 4, Stuttgart: Freies Geistesleben, S. 175–204.

Shell Jugendstudie (2024): Jugend 2024 – 19. Shell Jugendstudie: Pragmatisch zwischen Verdrossenheit und gelebter Vielfalt. Weinheim und Basel: Beltz. Online Zusammenfassung: https://www.shell.de/about-us/initiatives/shell-youth-study-2024/_jcr_content/root/main/section/simple/call_to_action/links/item0.stream/1728914720288/3ea339b8a1ba35a691f8e98328b3d777c107f7ed/shell-jugendstudie-2024-zusammenfassung.pdf (Abruf: 29.10.2024)

Sievers, Ulrike (2022): Jugend in einer digitalen Welt – medienmündig, selbstwirksam und zeitgemäß. In: Wiehl, Angelika & Steinwachs, Frank (Hrsg.): Studienbuch Waldorf-Jugendpädagogik, Bad Heilbrunn: Klinkhardt / utb, S. 245–257.

Sigler, Stephan & Sommer, Wilfried & Zech, M. Michael (2018): Handbuch Oberstufenunterricht an Waldorfschule, Weinheim und Basel: Beltz Juventa.

Sigler, Stephan (2019): Die Oberstufe verträgt kein intellektuell gemütliches Weiter so!. Erziehungskunst. Februar. Online: https://www.erziehungskunst.de/artikel/die-oberstufe-vertraegt-kein-intellektuell-gemuetliches-weiter-so (Abruf: 16.12.2024)

Silbereisen, Rainer K. & Weichold, Karina (2018): Jugend (12–19 Jahre). In: Schneider, Wolfgang & Linderberger, Ulman (Hrsg.): Entwicklungspsychologie, 8. Auflage, Weinheim und Basel: Beltz, S. 239–261.

Sommer, Wilfried (2010): Oberstufe an Waldorfschulen: Kognitive Herausforderungen an das verkörperte Selbst. In: RoSE – Research on Steiner Education. Vol. 1 No. 1. 2010, S. 33–48. Online: http://www.rosejourn.com/index.php/rose/article/view/7/50 (Abruf: 24.10.2024)

Sommer, Wilfried (2016): Zur Rolle der allgemeinen Didaktik in der Waldorfpädagogik. In: Schieren, Jost (Hrsg.): Handbuch Waldorfpädagogik und Erziehungswissenschaft, Weinheim und Basel: Beltz Juventa, S. 479–532.

Steiner, Rudolf (1986): Gegenwärtiges Geistesleben und Erziehung. Ein Vortragszyklus (14 Vorträge), gehalten in Ilkley (Yorkshire, England) vom 5. bis 17. August 1923 (GA 307), Dornach: Rudolf Steiner Verlag.

Steiner, Rudolf (1986a): Menschenerkenntnis und Unterrichtsgestaltung. 8 Vorträge für die Lehrer der Freien Waldorfschule. Stuttgart 12. bis 19. Juni 1921, 5. Auflage (GA 302), Dornach: Rudolf Steiner Verlag.

Steiner, Rudolf (1988): Geistige Wirkenskräfte im Zusammenleben von alter und junger Generation. Pädagogischer Jugendkurs. Dreizehn Vorträge, gehalten in Stuttgart vom 3. bis 15. Oktober 1922, 6. Auflage (GA 217), Dornach: Rudolf Steiner Verlag.

Steiner, Rudolf (1989): Die Kunst des Erziehens aus dem Erfassen der Menschenwesenheit. Sieben Vorträge, gehalten in Torquay vom 12. bis 19. August 1924 mit einer Fragenbeantwortung vom 20. August 1924, 5. Auflage (GA 311), Dornach: Rudolf Steiner Verlag.

Steiner, Rudolf (1989a): Die pädagogische Praxis vom Gesichtspunkte geisteswissenschaftlicher Menschenerkenntnis. Acht Vorträge, drei Fragebeantwortungen und eine Ansprache. Dornach 15. bis 22. April 1923, 4. Auflage (GA 306), Dornach: Rudolf Steiner Verlag.

Steiner, Rudolf (1990): Vor dem Tore der Theosophie. 14 Vorträge und zwei Fragenbeantwortungen, Stuttgart 1906 (Hörernotizen), 4. Auflage (GA 95), Dornach: Rudolf Steiner Verlag.

Steiner, Rudolf (1991): Die geistig-seelischen Grundkräfte der Erziehungskunst. Zwölf Vorträge. Oxford 16. bis 29. August 1922, Vergriffene Neuauflage (GA 305), Dornach: Rudolf Steiner Verlag.
Steiner, Rudolf (1991a): Geisteswissenschaftliche Behandlung sozialer und pädagogischer Fragen. 17 Vorträge. Stuttgart 1919, 2. Auflage (GA 192), Dornach: Rudolf Steiner Verlag.
Steiner, Rudolf (1993): Erziehung und Unterricht aus Menschenerkenntnis. Neun Vorträge, Stuttgart 1920/23 (GA 302a), Dornach: Rudolf Steiner Verlag.
Steiner, Rudolf (1997): Ritualtexte für die Feiern des freien christlichen Religionsunterrichtes. 1919, 1. Auflage (GA 269), Dornach: Rudolf Steiner Verlag.
Steiner, Rudolf (2001): Die gesunde Entwickelung des Menschenwesens. Eine Einführung in die anthropologische Pädagogik und Didaktik. Sechzehn Vorträge und drei Fragenbeantwortungen. Dornach 23. Dezember 1921 bis 7. Januar 1922 (Weihnachtskurs für Lehrer), 2. Auflage (GA 303), Dornach: Rudolf Steiner Verlag.
Steiner, Rudolf (2005): Die Krisis der Gegenwart und der Weg zu gesundem Denken. Zehn öffentliche Vorträge, gehalten in Stuttgart zwischen 2. März und 10. November 1920, 1. Auflage (GA 335), Dornach: Rudolf Steiner Verlag.
Steiner, Rudolf (2007): Anthroposophische Menschenkunde und Pädagogik, Neun Vorträge in verschiedenen Städten 1923/24 (GA 304a), Dornach: Rudolf Steiner Verlag.
Steiner, Rudolf (2014): Das esoterische Christentum und die geistige Führung der Menschheit. Dreiundzwanzig Vorträge, gehalten in den Jahren 1911 und 1912 in verschiedenen Städten, 2. Auflage (GA 130), Dornach: Rudolf Steiner Verlag.
Steiner, Rudolf (2015): Aus den Inhalten der esoterischen Stunden III, 1913–1923 (GA 266c), Dornach: Rudolf Steiner Verlag.
Steiner, Rudolf (2017): Die Beantwortung von Welt- und Lebensfragen durch Anthroposophie. Einundzwanzig Vorträge, gehalten zwischen dem 14. März 1908 und 21. November 1909 in verschiedenen Städten, 3. Auflage (GA 108), Dornach: Rudolf Steiner Verlag.
Steiner, Rudolf (2019): Konferenzen mit den Lehrern der Freien Waldorfschule in Stuttgart 1919–1924. Erster Band, 5. Auflage (GA 300/1), Dornach: Rudolf Steiner Verlag.
Steiner, Rudolf (2019a): Allgemeine Menschenkunde als Grundlage der Pädagogik. Vierzehn Vorträge. Stuttgart 21. August bis 5. September 1919, 10. Auflage (GA 293), Dornach: Rudolf Steiner Verlag.
Steiner, Rudolf (2019b): Eurythmie als sichtbare Sprache (Laut-Eurythmie-Kurs). Fünfzehn Vorträge. Dornach 24. Juni bis 12. Juli 1924, 6. Auflage (GA 279), Dornach: Rudolf Steiner Verlag.
Steiner, Rudolf (2019c): Erziehungskunst. Methodisch-Didaktisches. Stuttgart 1919, 7. Auflage (GA 294), Dornach: Rudolf Steiner Verlag.
Steiner, Rudolf (2020): Geisteswissenschaft und Medizin. Zwanzig Vorträge, gehalten in Dornach vom 21. März bis 9. April 1920 vor Ärzten und Medizinstudierenden, 8. Auflage (GA 312), Dornach: Rudolf Steiner Verlag.
Steiner, Rudolf (2020a): Ein Weg zur Selbsterkenntnis des Menschen – In acht Meditationen / Die Schwelle der geistigen Welt – Aphoristische Ausführungen. 1917, 7. Auflage (GA 17), Dornach: Rudolf Steiner Verlag.
Steiner, Rudolf (2020b): Luzifer-Gnosis. Grundlegende Aufsätze zur Anthroposophie und Berichte aus der Zeitschrift ‚Luzifer' und ‚Lucifer-Gnosis' 1903–1908, 7. Auflage (GA 34), Darin: Die Erziehung des Kindes vom Gesichtspunkte der Geisteswissenschaft. 1907, S. 309–348. Dornach: Rudolf Steiner Verlag.
Steiner, Rudolf (2022): Geisteswissenschaftliche Grundlagen zum Gedeihen der Landwirtschaft. Landwirtschaftlicher Kurs. Acht Vorträge, eine Ansprache und Fragenbeantwortungen, Koberwitz bei Breslau 7. bis 16. Juni 1924. Mit einem Vortrag, Dornach 20. Juni 1924 und einem Anhang mit Aufzeichnungen zum Kurs (47 Blätter, faksimiliert), 9. Auflage (GA 327), Dornach: Rudolf Steiner Verlag.
Steiner, Rudolf (2024): Aus den Inhalten der esoterischen Stunden. Gedächtnisaufzeichnungen von Teilnehmern. Band I: 1904–1909, 3. Auflage (GA 266a), Dornach: Rudolf Steiner Verlag.

Steiner, Rudolf (2024a): Der innere Aspekt des sozialen Rätsels. Luziferische Vergangenheit und ahrimanische Zukunft. Zehn Vorträge in Zürich, Bern, Heidenheim und Berlin zwischen dem 4. Februar und 4. November 1919, 6. Auflage (GA 193), Dornach: Rudolf Steiner Verlag.

Stemplinger, Petra (2022): Phänomenologisch-goetheanische Seelenkunde der Jugendzeit. In: Wiehl, Angelika & Steinwachs, Frank (Hrsg.): Studienbuch Waldorf-Jugendpädagogik, Bad Heilbrunn: Klinkhardt / utb, S. 15–27.

Stoltz, Tanja & Wiehl, Angelika (2021): Education – Spirituality – Creativity. Reflections on Waldorf Education. EPUB / PDF. Online: https://link.springer.com/book/10.1007/978-3-658-32968-6

Tenorth, Heinz-Elmar (2013): Bildung – zwischen Ideal und Wirklichkeit. Bundeszentrale für politische Bildung. 09.09.2013. Lizenz CC BY-NC-ND 3.0 DE. Online: https://www.bpb.de/themen/bildung/dossier-bildung/146201/bildung-zwischen-ideal-und-wirklichkeit/ (Abruf: 22.10.2024)

Ullrich, Heiner (2011): Rudolf Steiner. Leben und Werk, München: Beck.

Ullrich, Heiner (2015): Waldorfpädagogik. Eine kritische Einführung, Weinheim und Basel: Beltz.

UN-Konvention (2009): Gesetz zu dem Übereinkommen der Vereinten Nationen vom 13. Dezember 2006 über die Rechte von Menschen mit Behinderungen sowie zu dem Fakultativprotokoll vom 13. Dezember 2006 zum Übereinkommen der Vereinten Nationen über die Rechte von Menschen mit Behinderungen vom 21. Dezember 2008. Online: https://www.un.org/Depts/german/uebereinkommen/ar61106-dbgbl.pdf (Abruf: 14.10.2024)

Veicht, Christine (2022): Performative Bildungspotenzile der Theaterspiele an Waldorfschulen. In: Wiehl, Angelika & Steinwachs, Frank (Hrsg.): Studienbuch Waldorf-Jugendpädagogik, Bad Heilbrunn: Klinkhardt / utb, S. 157–171.

Wackermann, Rainer & Hater, Julia (2016): Der Einfluss der Stundenlänge (45 vs. 60 Minuten) auf ausgewählte Aspekte der Unterrichtsqualität im Physikunterricht am Gymnasium: – Eine Prä-Post-Untersuchung mit zwei Lehrkräften -. In: Perspectives in Science 10. Dezember, S. 1–12. Online: https://doi.org/10.1016/j.pisc.2015.12.009 (Abruf: 26.11.2024)

Wagemann, Johannes (2024): Coupling First-Person Cognitive Research with Neurophilosophy and Enactivism: An Outline of Arguments. Adaptive Behavior. Advance online publication. Online: https://doi.org/10.1177/10597123241263607 (Abruf: 17.11.2024)

WaldorfSV (2021): Bundesschülerrat im Bund der Freien Waldorfschulen. Online: https://waldorfsv.de/ (Abruf: 25.04.2024)

Wallmann, Reinhard (2018): Der „Dreischritt" als methodisch-didaktische Grundlage. In: Landl, Richard (Hrsg.): Aufbruch in die Welt. Waldorfpädagogische Grundlagen der Oberstufe mit Unterrichtsbeispielen, Dornach: Verlag am Goetheanum, S. 191–203.

Weber, Max (1919): Politik als Beruf. Vortrag 1919. Online: https://www.deutschestextarchiv.de/book/view/weber_politik_1919?p=1 (Abruf: 24.10.2024)

Weiss, Leonhard & Willmann, Carlo (Hrsg.) (2021): Waldorf-Schulerfahrungen. Eine Befragung ehemaliger Schülerinnen und Schüler, Wien: LIT. Zentrum für Kultur und Pädagogik.

Werkmann, Caroline & Frieß, Hans-Jürgen (2023): Generationen über Generationen. Forum empirische Sozialforschung. Konrad-Adenauer-Stiftung e. V. Online: https://www.kas.de/documents/252038/22161843/Generationen+über+Generationen.pdf/26f1eedf-4569-9422-122d-7b5fc6a6bd0a (Abruf: 25.10.2024)

Wiechert, Christof (2010): Lust aufs Lehrersein?! Eine Ermutigung zum (Waldorf)-Lehrerberuf, Dornach: Verlag am Goetheanum.

Wiehl, Angelika (2015): Propädeutik der Unterrichtsmethoden in der Waldorfpädagogik, Frankfurt am Main: Peter Lang.

Wiehl, Angelika (2016): Das propädeutische Methodenkonzept der Waldorfpädagogik. In: Schieren, Jost (Hrsg.): Handbuch Waldorfpädagogik und Erziehungswissenschaft, Weinheim und Basel: Beltz Juventa, S. 533–571.

Winter, Martin (2015): Bologna – die ungeliebte Reform und ihre Folgen. Bundeszentrale für politische Bildung. 31.03.2015. Lizenz CC BY-NC-ND 3.0 DE. Online: https://www.bpb.de/

themen/bildung/dossier-bildung/204075/bologna-die-ungeliebte-reform-und-ihre-folgen/ (Abruf: 27.10.2024)
Zdrazil, Tomás (2019): Waldorfschule und Gesundheit. In: Wiehl, Angelika (Hrsg.): Studienbuch Waldorf-Schulpädagogik, Bad Heilbrunn: Klinkhardt / utb, S. 239–246.
Zech, M. Michael (2012): Waldorfschulen drohen in der Oberstufe profillos zu werden. Erziehungskunst. Februar. Online: https://www.erziehungskunst.de/artikel/waldorfschulen-drohen-in-der-oberstufe-profillos-zu-werden (Abruf: 13.12.2014)
Zech, M. Michael (2013): Die Gründungsidee der Waldorfschulen und das Problem der Schul- bzw. Lehrerautonomie im internationalen Kontext. In: Barz, Heiner (Hrsg.): Unterrichten an Waldorfschulen: Berufsbild Waldorflehrer: Neue Perspektiven zu Praxis, Forschung, Ausbildung, Wiesbaden: Springer, S. 19–51.
Zech, M. Michael (2013a): Waldorfschule als Beispiel gelebter Schulautonomie auf dem freien Markt. In: Randoll, Dirk & da Veiga, Marcelo (Hrsg.) (2013): Waldorfpädagogik in Praxis und Ausbildung, Wiesbaden: Springer, S. 11–24.
Zech, M. Michael (2016): Urteilsbildung im Oberstufenunterricht an den Waldorfschulen. In: Lehrerrundbrief des Bundes der Freien Waldorfschulen Nr. 104. Sonderthema: Oberstufe. Kassel: Pädagogische Forschungsstelle. Februar 2016, S. 35–52.
Zech, M. Michael (2021): Anthroposophische Jugendpädagogik und die Herausforderungen des 21. Jahrhunderts. In: Wiehl, Angelika & Zech, M. Michael (Hrsg.): Jugendpädagogik in der Waldorfschule. Studienbuch, Stuttgart: Edition Waldorf, S. 277–316.
Ziemann, Martin (2012): Wider den Leistungswahn. Der Waldorfschule droht Gefahr durch den Druck auf ihre Oberstufe. Erziehungskunst. Januar. Online: https://www.erziehungskunst.de/artikel/wider-den-leistungswahn-der-waldorfschule-droht-gefahr-durch-den-druck-auf-ihre-oberstufe (Abruf: 11.12.2024)